KB196045

THE ART OF

EXPLANATION

사람들이 내 말에 집중하기 시작했다

로스 앳킨스 지음 · 이민희 옮김

서론이 긴 당신을 위한 최적의 설명법

전 세계 시청자를 사로잡은
BBC 뉴스 앵커의 말하기 공식

윌북

로스 앳킨스의 글을 읽는 것은 마치 시계 제작자가 시계 내부를 조립하는 모습을 들여다보는 것 같다. 정교하고 능숙하고 차분하다.

《타임스》

상식적이고 아름답게 쓰였다. 저자는 뛰어난 소통 능력을 갖추고 있으며 모호한 주제도 선명하게 밝혀내는 능력을 지녔다.

로레인 켈리 ⋯ 〈ITV〉

명확하게 소통하려면, 명확하게 생각해야 한다. 책은 이 두 가지를 모두 수행하는 방법을 보여준다.

토드 로저스 ⋯ 하버드대학교 교수

『사람들이 내 말에 집중하기 시작했다』는 크고 작은 소통 현장에서 실질적으로 적용할 수 있는 기술을 디테일하게 알려주는 책이다. 위대한 선수는 위대한 감독이 될 수 없다는 말이 있듯, 무엇을 잘 안다고 하여 꼭 잘 가르칠 수 있는 것은 아니다. 하지만 로스 앳킨스는 현장의 선수로서뿐 아니라, 누군가에게 그 기술을 전하는 감독의 역할도 거뜬히 해냈다.

베테랑 언론인의 노련함과 경험이 묻어나는 7단계 설명 법칙은 '통하는 말하기'를 위한 기본기를 탄탄히 다져주며 회의, 협상, 면접과 같은 비즈니스 현장은 물론, 일상에서의 대화까지 신뢰와 호응을 얻는 말하기의 핵심을 명쾌하게 짚어낸다. 열변을 토했는데 내 뜻과 전혀 다르게 전달된 경험이 있다면? 무언가를 말하고는 싶은데 대체 무엇부터 말해야 할지 모른 적이 있다면? 갑작스러운 질문에 당황한 기억이 있다면? 원인을 알아야 비로소 해결도 가능해진다. 당신의 말이 가진 잠재력을 이끌어줄 좋은 처방전이 될 이 책을 펼쳐보자.

이윤규 ··· 변호사, 『몰입의 기술』 저자

이 책을 펼치는 순간, 오랫동안 갈구하던 해답을 만난 기분이 들었다. 매일 저녁 생방송으로 뉴스를 진행하면서 어떻게 하면 내가 하고자 하는 말을 더 명료하고 효과적으로 전달할 수 있을지 끊임없이 고민해왔던 내게, 이 책은 마치 비법 노트처럼 그 방법을 매우 구체적으로 제시한다.

오랫동안 언론인으로 활동했던 저자의 실용적인 노하우와 팁들은 곁에 두고 달달 외우고 싶을 만큼 유용하고 체계적이다. 단순히 정보를 전달하는 메신저의 역할을 넘어 듣는 사람의 마음을 움직이고 소통을 끌어내는 '커뮤니케이터'로 성장하는 방법을 요목조목 세심하게 안내한다. 말하기가 어려워 불안하고 두려운 사람들, 설명을 잘하고 싶지만, 구체적인 방법을 몰라 혼란스러운 사람들에게 자신감과 용기를 주고 더 나아가 진정한 '커뮤니케이터'가 되는 길을 인도해주는 책이다.

이재은 ··· 아나운서, 『하루를 48시간으로 사는 마법』 저자

틱톡이나 유튜브 쇼츠만 콘텐츠가 아니다. 부장님께 보내는 메시지나 환불 요청 전화까지도, 나의 말과 글이 담고 있는 모든 내용이 곧 나의 콘텐츠다. 우리는 매일 밥 먹듯이 당연하게 다양한 콘텐츠를 생산하며 살고 있는 것이다. 그렇다면 요리처럼 말하기나 글쓰기에도 레시피가 필요하지 않을까? 무슨 재료를 어떤 순서대로 어디에 얼마나 넣느냐에 따라 음식 맛이 천차만별이 되듯, 우리의 크고 작은 설명이나 주장, 질문이나 답변 역시 일정한 법칙에 기반한다면 더욱 빠르고 맛있게 조리될 것이다.

이에 BBC 뉴스 앵커 출신의 저자 로스 앳킨스는 20년 기자 생활의 비책을 집약한 기자 수첩을 우리에게 펼쳐 보인다. 이 책을 조리대에, 아니 책상에 올려놓고 필요할 때마다 꺼내어 그대로 따라 하다 보면 어느새 손에 익고 입에 익을 것이다. 그러니 한번 연습해보자. 마치 타고난 손맛인 듯 완벽을 넘은 자연스러움에 도달할 때까지. 이제 더 이상 발표나 면접 같은 손님맞이를 앞두고 허둥지둥할 필요 없다. 이 책이 제시하는 탁월한 말하기 디테일을 소화한다면, 듣는 이의 마음은 어느새 당신을 향해 있다.

안현모 ⋯ 방송인, 국제회의 통역사

차례

프롤로그

내 말이 통하는 말이 되려면

여러분도 경험해보셨을 겁니다. 발표를 하는데 사람들이 딴 곳을 보거나 핸드폰을 꺼내 든다든지, 글을 쓰는데 두서없고 장황하게 느껴진다거나, 이메일을 보냈는데 답장이 안 오거나 답변이 동문서답이라든지 등등 커뮤니케이션이 잘 안 돼서 답답하고 허탈한 기분 말입니다.

원하는 결과를 얻으려면 의도를 명확하고 효과적으로 전달해야 합니다. 학부모 상담부터, 동료에게 보내는 이메일, 면접, 연설, 프레젠테이션, 까다로운 협상에 이르기까지 삶의 모든 상호작용에서 설명을 잘하면 결과가 달라집니다. 상대방이 내 말에 귀 기울이고 고개를 끄덕이게 하려면 이해를 가로막는 방해물을 제거해야 하죠. 그래야 소통의 길이 활짝 열립니다.

저는 지난 30년 동안 '통하는 말하기의 기술'을 탐구했습니다. 특히 BBC 뉴스 기자이자 진행자로 20년 넘게 일하면서 세상에서 일어나는 복잡한 일들을 명확하고 이해하기 쉽게 전달하는 방법을 궁리했습니다. 또한 새로운 기획을 제안하고 실현하는 과정에서 설득하려는 상대에 따라 접근 방식을 달리해야 한다는 깨달음도 얻었습니다.

뉴스와 아이디어를 더 잘 전달하고 싶어 다양한 기법을 시도하고, 검토하고, 보완하면서 저만의 기술을 발전시켰습니다. 그러다 보니 통하는 말하기의 기술이 단순히 언론인으로서 제 역할을 잘하기 위한 도구가 아니라 우리 삶 전반에 보편적으로 적용할 수 있는 유용한 기술임을 깨닫게 되었죠. 몇 가지만 예를 들어보겠습니다.

교사　복잡한 방정식을 알기 쉽게 가르쳐주면?
→ 학생들의 흥미와 수업 이해도가 높아진다.

직장인　어떤 결정이 필요한 이유를 합리적으로 주장하면?
→ 동료들을 설득할 수 있다.

입사 지원자　자신이 채용되어야 하는 이유를 잘 말하면?
→ 채용 확률이 올라간다.

의사　식이요법의 이점을 잘 설명하면?
→ 환자가 그 식단을 따르기 쉽다.

공공 기관　서비스 이용 방법을 알기 쉽게 알려주면?
→ 이용률이 올라간다.

마케터　제품의 장점을 효과적으로 홍보하면?
→ 매출이 늘어난다.

창업자	사업 아이디어를 전략적으로 발표하면?
	→ 투자 유치 가능성이 커진다.
시공업자	어떤 시공을 언제 어떻게 하는지 명확히 전달하면?
	→ 의뢰인의 만족도가 올라간다.

효과적인 말하기는 이렇듯 삶의 다양한 영역에서 큰 힘이 됩니다. 상대방에게 전달하려는 내용의 질과 완성도를 높이기 위해서는 여러 방법을 상호보완해야 하죠. 이 책은 제가 그동안 갈고 닦은 기술을 모은 것입니다.

설명을 탁월하게 잘 하기가 결코 쉽지는 않습니다. 들어도 헷갈리는 신규 정책, 장황한 문단 속에 핵심 정보를 숨긴 이메일, 자격을 뒷받침하는 근거가 부족한 입사 지원서 등 비효율적인 소통으로 중요한 정보가 제대로 전달되지 못하는 상황을 우리는 일상에서 흔히 겪습니다.

또한 오늘날 우리는 정보가 넘쳐나는 세상에서 살고 있습니다. 각종 스트리밍 서비스, 팟캐스트 등 경쟁하듯 끊임없이 쏟아지는 콘텐츠와 온라인 메시지의 홍수 속에서 사람들의 관심을 끌고 참여를 유지하기란 매우 어렵습니다. 그래서 저는 해설 영상저자 로스 앳킨스가 기획자이자 분석 편집자 겸 진행자로 활약 중인 8분짜리 BBC 뉴스 토막 프로그램 "Ros Atkins on…"을 가리킨다ㅡ옮긴이을 제작할 때 아무도 안 볼 거라는 가정에서 출발합니다. 사람들이 해당 주제에 관심이 있다고 여기지도 않고, 관심이 있다고 해도 제 의견을 원하리라 생각하지도 않습니다. 시청자가 끝까지 시청하리라 기대하지도 않습니다. 다시 말해, 제 생각의 출발점은 설명의 모든 단계가 **관심 경쟁**이라는 것입니다. 제 전략은 과감한 언행이나 화려한 수사로 관심을 끄는 대신 필요한 말만 명확하게 전달하는 것입니다. 수많은 정보가 쏟아지는 상황에서 모호하고 비효율적인 이야기를 듣고 싶어 할 사람은 없습니다.

저를 포함해 우리 누구나 말하려는 바를 제대로 전달하지 못한 적이 꽤 있을 것입니다. 전달하려는 정보가 흥미롭지 않거나 중요하지 않아서만은 아닙니다. 양질의 정보만으로는 충분하지 않습니다. 정보 수집은 시작에 불과합니다. 그 **정보를 누구에게, 얼마나, 어떻게 전달해야 할지가 중요합니다.**

최고의 정보를 선별하여 대상 청중에게 효과적으로 전달할 수 있다면 어떤 일이 벌어질까요? 실리적으로는 일을 순조롭게 추진하며 여러 사람의 시간을 절약할 수 있고, 더 근본적으로는 자신을 표현하고 타인과 상호작용하는 방식을 개선할 수 있습니다.

상대방을 움직이는 말의 힘을 터득하다

1990년대 말, 저는 대학 졸업 후에도 여전히 케임브리지 근처에 살면서 인기 시사토크쇼 〈제리 스프링거 쇼〉 시청에 열중하며

시간을 죽이는 취준생이었습니다. 돈도, 비전도, 자신감도 부족
했지만 제게는 한 가지 비장의 카드가 있었습니다. 대학 졸업 직
후 남아프리카공화국에서 지내면서 얻은 카드였죠.

　제가 남아프리카공화국에 갔을 때는 한창 악명 높던 인종
차별 정책 아파르트헤이트가 폐지되고 전 국민이 뉴스와 사건
사고에 관심을 기울이던 넬슨 만델라 대통령 재임 시절이었습
니다. 당시 저는 계약직 정책 연구원 자리를 얻었고, 매일 아침
출근길에 일간지를 하나 사서 읽곤 했습니다. 차량 탈취, 경찰
개혁, 1998년 남아공 월드컵 첫 출전, 영국 럭비팀 브리티시 라
이언스의 투어 경기, 콰이토(하우스 음악과 비슷하지만 더 느린 음
악)의 부상, 만델라의 집권…. 저는 항상 기자가 되고 싶었고 남
아공은 이야기할 거리가 너무 많았습니다.

　주말에는 길을 걷다가 《선데이 인디펜던트》를 사서 읽곤
했습니다. 영국의 《인디펜던트》와 같은 회사 소유의 신문이었
죠. 10대 시절부터 이 신문을 즐겨 읽던 저는 남아공판 《인디펜
던트》에도 곧바로 푹 빠졌습니다. 《선데이 인디펜던트》의 편집
장 존 배터스비는 끊임없이 새로운 기사를 갈망하는 언론인으
로서 기쁘게도 제가 쓴 정책 관련 칼럼을 실어 주었습니다. 얼마
후 제가 주말에 신문사 일을 돕고 싶다고 하자 존은 흔쾌히 동의
했고, 그렇게 저는 제 연애와 비자가 모두 만료될 때까지 몇 달
동안 주말 밤에 수습기자로 일했습니다.

　마침내 제가 영국으로 돌아갈 때 존은 친절하게도 선물을

챙겨주었습니다. 런던의 《인디펜던트》 동료들에게 보내는 추천장이었죠. 그것이 제 비장의 카드였습니다. 1998년 여름에 그 추천장으로 입사 지원을 했고, 며칠 후 면접 제의를 받았습니다. 별다른 소득이 없던 시기에 황금 같은 기회였죠. 면접을 앞두고 라디오, 신문, 뉴스를 닥치는 대로 소비했습니다. 사실 그 외에는 뭘 준비해야 하는지 잘 몰랐습니다. 그렇게 면접 당일, 저는 어설픈 정장 차림으로 런던행 열차에 올랐습니다.

당시 《인디펜던트》 본사는 런던의 카나리 워프에 있었습니다. 저는 건물 엘리베이터를 타고 올라가 한구석의 근사한 전망을 지닌 사무실로 안내받았죠. 사무실 책상 너머에 앉아있던 남자가 제게 물었습니다. "자, 우리 회사에서 무슨 일을 하고 싶으신가요?"

무슨 말을 어디서부터 어떻게 해야 할지, 상대에게서 어떤 반응을 끌어내야 하는지 전혀 알 수가 없었습니다. 뭐라고 대답하긴 했습니다만, 막연한 희망과 의견이 처참히 뒤섞인 발언이었던 것으로 기억합니다. 기회가 사라지는 느낌은 강렬했습니다. 대화 끝 무렵도 아니고 첫 질문에 대답하면서 말입니다. 면접 분위기는 차갑게 식었고, 그렇게 몇 분 만에 다시 엘리베이터로 돌아와야 했습니다. 그 자리에서 면박을 당하지는 않았지만, 꿈꾸던 신문사에서 일할 기회는 물 건너간 것이죠.

상심이 컸습니다. 그 후 몇 달 동안 제 삶은 커피용품을 파는 매장에서 아르바이트하면서 콜롬비아산 원두를 계량하고,

TV를 보고, 가끔 디제잉과 스쿼시를 즐기는 게 전부였습니다. 왜 면접에서 실패했는지 반추할 시간은 충분했죠. 당시 친구와 함께 살던 아파트는 제가 역사를 공부하던 대학에서 불과 5분 거리였습니다. 저는 《인디펜던트》에서 기회를 놓친 것을 반성하며, 미래의 기회에 더 잘 대비하기 위해 학생 시절의 경험을 되돌아 보았습니다.

1990년대 케임브리지 대학을 다닌 역사학도들은 매주 낯선 주제에 대해 리포트를 써야 했습니다. 서술형 문제와 함께 10~30권의 독서 목록이 주어졌습니다. 일주일 안에 그 많은 책을 읽고 리포트를 써서 제출한 뒤 그 주제에 평생을 바친 학자와 한 시간 동안 토론해야 한다는 것은 큰 부담이었습니다.

단순히 책을 읽고 요점을 파악하는 것만으로는 부족했습니다. 방대한 정보를 수집, 분석, 가공하여 논점을 설명해야 했습니다. 저는 대학 입학 첫 몇 주 동안 가장 효과적인 전략을 찾아 이런저런 방식을 시도했습니다. 결과적으로 그 당시에 고안한 시스템을 지금도 그대로 사용하고 있습니다. 19세기 사회주의나 중세 후기 유럽의 신비주의 따위를 설명하려고 만들어낸 기술이 제 삶의 대부분, 특히 커리어에서 중요한 순간마다 큰 도움이 되리라는 사실을 그땐 몰랐습니다.

2001년에 〈제리 스프링거 쇼〉의 마수에서 벗어나 웹사이트를 편집하는 일을 시작했지만, 닷컴 열풍은 곧 꺼지고 일감도 뚝 끊겼습니다. 그해 여름, 월요일마다 절박한 마음으로 《미디어 가디언》의 최신 구인 광고면을 샅샅이 훑었습니다.

BBC 라디오 5 라이브(BBC의 뉴스 및 스포츠 채널) 프로듀서 구인 광고를 본 순간이 지금도 생생합니다. 그 뉴스 라디오 방송의 열혈 청취자였던 저는 그 일을 너무나 간절히 원했습니다. 기자로 일할 직장을 선택할 수 있다면 바로 그곳이라 생각했죠. 면접실의 풍경도 그때의 기분만큼이나 선명하게 기억납니다. 《인디펜던트》에서의 실패를 발판 삼아 대학 시절에 요긴하게 썼던 시스템을 제 인생의 가장 중요한 면접에 적용했고 그렇게 면접실을 나설 때, 해냈다는 확신이 들었습니다. 제 생각을 명쾌하게 피력하고 모든 질문에 제대로 대답하고 준비한 정보를 아쉽지 않게 전했으니까요.

대학에서 고안한 이 시스템 덕분에 학위를 따고, BBC에 입사하고, 좋아하는 일을 지속할 수 있었습니다. 그리고 그 혜택은 뉴스룸을 넘어 제 인생 전반에 영향을 끼치고 있죠. 몇 년 전 며칠간 병원에 입원할 일이 있었을 때는 코로나 19 방역 조치로 가족과 떨어진 채 홀로 수많은 검사를 받고 의사들과 만나야 했습니다. 진료 일정이 잡히면 병상의 간이 테이블을 펼치고 펜과 노트를 꺼내 질문이나 요청 사항을 정리해두어서 외래 진료를 볼 때도 걱정과 시간을 크게 덜 수 있었습니다. 출판 에이전트와 출판사에 이 책의 출간을 제안할 때도 같은 기술을 사용했죠. 사실 이 책을 쓰는 지금도 사용하고 있습니다.

30년 전 콘월에서 온 미숙한 케임브리지 신입생이 첫 리포트를 어떻게 쓸지 고민하며 만든 이 시스템은 꾸준히 발전하여 제 커리어를 뒷받침할 뿐만 아니라 이렇게 제 일상 곳곳에서 늘 함께하고 있습니다. 부디 여러분에게도 요긴했으면 합니다.

제대로 설명할 때 원활히 소통할 수 있다

2010년, 뉴욕대학교와 비영리 뉴스 기관《프로퍼블리카》는 '뉴스 해설의 새로운 방식을 실험하기 위한 공동 프로젝트'를 추진했습니다. 이 프로젝트를 이끈 뉴욕대학교 제이 로젠 교수는 이렇게 말했습니다. "복잡한 내용을 비전문가도 이해할 수 있게 명확히 전달하는 것이 설명의 기술입니다. 좋은 설명은 정보를 제공할 뿐만 아니라 흥미를 유발하고 이해의 격차를 해소합니다." 즉, 좋은 설명이란 유익하고 흥미로우면서도 이해하기 쉬워야 한다는 것이죠. 저는 이 모든 특성을 취하면서 더 넓은 정의를 내리고 싶습니다. **좋은 설명은 해당 주제에 대해 상대방이 알아야 할 정보를 빠짐없이 전달해야 한다는 것입니다.**

만약 아이의 생일 파티를 준비한다고 하면 다른 부모나 친구들에게 파티가 언제 시작되고 언제 끝나며 어디로 와야 하는지 알려야 합니다. 이런 정보는 비교적 쉽고 간단하게 전달할 수 있습니다. 하지만 일주일간의 수학여행을 준비하는 경우라면 훨씬 더 많은 세부 정보가 필요할 것입니다.

뉴스 보도 자료를 작성한다고 하면 시청자가 알아야 할 내용에 해당 상황과 관련한 역사적 배경, 또는 정치적 반응이나 최신 데이터를 포함해야 할 수도 있습니다. 어떤 정보든, 사람들에게 전달하기 전에 '그들이 무엇을 알아야 하는가?'라는 물음에 답해야 합니다.

2010년에 저는 라디오에서 TV로 자리를 옮겼고, 30분 분량의 고전적인 뉴스 보도를 진행하기 시작했습니다. 여러분도 익숙하실 겁니다. 헤드라인, 미리 작성된 보도문, 특파원과의 실시간 양방향 인터뷰, 그날의 가장 흥미로운 장면들, 시민과의 인터뷰 등으로 이뤄진 포맷은 수십 년간 크게 성공했으며 여전히 TV 뉴스의 주요 전달 방식입니다. 그런데 스튜디오에 앉아 이 방식을 익히면서 저는 시청자에게 제가 직접 전하는 뉴스와 핸드폰으로 접하는 뉴스의 간극을 느끼지 않을 수 없었습니다.

스마트폰으로는 다양한 출처와 유형의 콘텐츠 사이를 손쉽게 이동할 수 있습니다. 가령 어떤 도시에서 폭탄 테러가 발생했다고 합시다. 저는 목격자의 트윗을 읽고, 유튜브에서 현지 TV 보도를 시청하고, 구글에서 현지 지도를 확인하고, 현지 상황에 관한 기사를 읽고, SNS 피드에서 사진을 보고, 뉴스 통신사가 제공하는 실시간 영상 소스를 확인하고, 경찰 통제선 근처에 있는 경쟁 방송사 기자를 통해 현지 당국의 반응을 읽을 수 있습니다. 이렇게 실시간 온라인 다중 브라우징으로 뉴스를 소비할 수 있게 됐죠.

　　그런 모든 소스를 방송 보도 자료에 엮어낼 수는 있지만, 제 때 스튜디오에서 내보내기에는 매우 어려웠습니다. TV는 제작 과정이 매우 복잡하고, 우리의 제작 시스템으로 그렇게나 다양한 정보를 시청자에게 신속하게 전달하기란 불가능에 가까웠습니다. 한 마디로 즉시 내보낼 수 있는 정보에는 한계가 있었습니다. 따라서 시청자가 핸드폰을 선택하고 저를 꺼버릴 위험이 컸습니다.

　　그런데 우리가 '이미 뉴스를 알고 있는 사람들을 위한 뉴스'를 만들고 있다는 점에서 이는 기회이기도 했습니다. 폭탄 테러 소식이 뉴스 사이트부터 소셜 미디어, 단체 채팅방에 이르기까지 빠르게 퍼져 나가는 상황에서 사람들이 TV를 켜는 이유는 단순히 무슨 일이 일어났는지 알기 위해서가 아니라 자세한 내용과 맥락, 선별된 정보 및 분석을 읽기 위해서입니다. 저는 TV 매체에 적응하면서 '우리가 제공하는 방식을 바꿀 수 있지 않을까?'라고 생각했습니다.

　　그 후 몇 달 동안 출처와 형식을 막론하고 가치 있는 정보를 모두 담을 수 있는 뉴스 프로그램을 구상했습니다. 유용한 정보를 전부 활용하겠다는 것은 아니지만(프로그램이 비효율적으로 길어질 수 있으니까요), 선택지를 빠르게 확보할 수는 있었죠.

　　2010년대 초에 제가 구상한 프로그램은 진행자로서 보도 자료를 구성하고 시청자들에게 이렇게 말하는 식이었습니다. '○○부터 시작하죠. 하지만 ○○을 이해하려면 △△과 ××을 알

아야 합니다. 그리고 그 모든 걸 이해하려면 □□도 고려하세요.'
한마디로 시청자가 전체 그림을 이해할 때까지 뉴스를 단계별
로 안내한다는 콘셉트였습니다.

　　BBC는 제 기획안을 채택했고, 그렇게 〈아웃사이드 소스
Outside Source〉가 탄생했습니다. BBC의 뛰어난 기술자들이 터치
스크린을 제작해 모든 출처와 유형의 콘텐츠를 보도에 이용할
수 있게 했습니다. 이제 TV에서 우리가 유용하다고 생각하는
정보들을 실시간으로 골라서 효과적으로 전달할 수 있게 된 것
이죠.

　　설명이란 해당 주제의 모든 필수 정보를 효과적으로 추출
하여 공유하는 것입니다. 설명은 〈아웃사이드 소스〉의 핵심 콘
텐츠일 뿐 아니라 애초에 이 프로그램을 기획하는 데 핵심이 되
는 요소였죠. 저는 BBC의 중역들에게 이런 프로그램 포맷이 투
자할 가치가 있다고 설득해야 했습니다. 이때 좋은 아이디어라
는 확신만으로는 충분하지 않고, 뉴스 보도와 마찬가지로 내용
과 형식을 갖춘 설명이 필요했습니다.

　　첫 프레젠테이션은 엉망이었고 그다음 몇 번도 고배를
마셨습니다. 하지만 다양한 접근 방식으로 계속 시도한 끝에
2013년에 마침내 BBC의 승낙을 얻어냈습니다. 〈아웃사이드
소스〉를 성공적으로 기획한 경험은 제게 자신감을 불어넣었습
니다.

　　2016년에는 미디어 출연진의 다양성을 꾀하는 캠페인인

50:50 프로젝트를 기획했습니다. 〈아웃사이드 소스〉에서 시작된 이 캠페인은 이제 BBC를 넘어 전 세계 30여 개국의 조직으로 퍼졌습니다. 50:50 프로젝트의 초기 목표는 BBC 내부에서 여성 출연자의 비율을 늘리는 것이었습니다. 언론계에서 성 평등은 오래전부터 바람직하고 중요한 목표이긴 했지만 현실적으로 불가능하다는 인식이 주류였거든요.

저는 성 평등이 공정성, 생산성, 마감 준수와 같이 언론계의 타협 불가능한 가치로 자리할 수 있도록 한번 해보고 싶었습니다. 뉴스 프로그램인 〈아웃사이드 소스〉에서 여성 출연자 비율 50퍼센트를 달성해 보인다면 다른 프로그램들의 참여를 독려할 수 있으리라고 생각했습니다. 하지만 성공하리라는 기대는 크지 않았습니다. 불가능하다고 여겨서도 아니고, 사람들의 관심을 끌지 못하리라고 생각해서도 아니었습니다. 바쁜 업무에 시달리는 제작진에게 기존 관행을 거스르라고 설득할 자신이 없어서였습니다. 저는 일개 프로그램 진행자여서 제작진에게 지시를 내릴 권한이 없었습니다. 〈아웃사이드 소스〉를 기획할 때와 마찬가지로, 관건은 제가 얼마나 설득력 있게 말하느냐에 달려 있었습니다.

결국 수석 프로듀서들의 도움으로 〈아웃사이드 소스〉에서 여성 출연자 비율 50퍼센트를 달성한 뒤, 다음 과제는 다른 프로그램들의 참여를 유도하는 것이었습니다. 이를 위해 저는 최대한 간결하고 설득력 있게 프로젝트의 의의와 효과를 정리하고 예상 질문에 대한 답변도 준비했습니다.

- 꼭 해야 하는가? → 아니요
- 내키지 않으면 중단할 수 있는가? → 예
- 할당량이 있는가? → 아니요
- 시간이 얼마나 걸리는가? → 하루 5분 미만

더 세심한 답변이 필요한 질문들도 있었습니다.

- 시청자들이 신경을 쓰겠는가?
- 매일 무엇을 해야 하는가?
- 왜 이걸 하는가?

주변의 조언을 참고해 답변을 가다듬은 뒤 다른 프로그램 관계자들을 설득하기 시작했습니다. 그랬더니 하나둘 프로젝트에 참여하는 팀이 늘어났습니다. 저는 대화와 회의를 거듭하면서 프로젝트의 목표와 동기를 점점 더 명쾌하게 설명할 수 있었습니다. 또 팀이나 사람마다 궁금해하는 점과 우려하는 바가 다를 수 있기에 대화 상대에 따라 접근 방식을 조정했습니다. 이러한 준비가 모두의 동의를 보장하진 않았지만 적어도 가능성을 극대화했습니다.

당연한 이야기겠지만 어떤 주장이든 요령 있게 전달할수록 받아들여질 가능성이 커집니다. 회사에 의견을 제시하거나 동료를 설득할 때 긍정적 결과를 기대할 수 있죠. 명확한 설명은 아이디어를 현실화하고, 제안에 설득력을 불어넣으며, 사람들이 그 정보를 유용하게 여기게 합니다. 이는 원활한 소통의 핵심입니다.

해답은 주변에 있다

2003년에 BBC 월드 서비스(BBC 라디오 국제 방송)에 프로듀서로 입사한 저는 그다음해에 한 편집자의 우연한 제안을 받게 됩니다. 출근 열차를 놓친 진행자 대신 프로그램을 진행해 달라는 거였죠.

"그리니치 표준시 23시. BBC 월드 서비스 〈세계는 지금〉입니다." 이게 제 첫 멘트였습니다. 엄청나게 부담스러운 말이었죠. 조지 W. 부시의 두 번째 대통령 임기, 팔레스타인 정부 수반 야세르 아라파트의 죽음, 토니 블레어 총리 임기 만료, 이라크 전쟁, 2005년 파키스탄 대지진…. 이미 아는 사람, 잘 모르는 사람, 더 많이 알고자 하는 사람 모두에게 전할 뉴스거리가 끊이지 않았고, 청취자들이 계속 귀를 기울이게 해야 했습니다. 이란과 미국 간 긴장 상태를 자세히 설명할 수는 있지만, 정확하면서도 공감 가게 설명하기란 쉽지 않았습니다.

방송과 커뮤니케이션 영역에서 배워야 할 많은 것이 제 눈 앞에 있었습니다. 저는 특히 라디오 진행자들을 유심히 관찰하면서 소통 방식을 파악했습니다. 어떤 표현이나 문장 구조, 전달 방식이 효과적이라면 그것을 메모해두었다가 직접 적용해보기도 했습니다.

BBC 라디오 5 라이브의 첫 프로그램 진행을 앞두고 막막해하던 제게 존경하는 선배 진행자 줄리안 워리커는 "계속 다시 들어보세요"라고 말했습니다. 저는 지금까지 그 조언을 따르고 있죠. 우리는 소통의 효과와 역효과를 일상적으로 겪습니다. 물론 라디오나 TV처럼 다시 듣거나 볼 수는 없지만 지난 소통을 충분히 되짚어볼 수 있습니다. 무엇이 효과적이고 무엇이 그렇지 않은지 곱씹어 보면 다음에 더 나은 결과를 낼 수 있습니다.

뉴스 진행 초창기에는 꾸준히 주변에 조언을 구했습니다. 더 잘 설명할 수 있는 기법과 관점을 하이에나처럼 찾아다녔습니다. 뉴스뿐만 아니라 음악, 토크, 코미디, 비즈니스, 학계 등 다양한 분야에서 영감을 얻었습니다. 훌륭하게 소통하는 사람을 만날 때마다 관찰하고 메모했습니다. 유용한 부분을 발견하면 기존의 제 설명 시스템에 추가했습니다. 스스로 잘했다고 여기는 부분도 마찬가지였습니다.

이런 열정은 방송인으로서 발전하고 싶은 마음에서 비롯했습니다. 유용한 정보를 효과적으로 전달해야 사람들이 제 방송을 찾아 듣거나 볼 테니까요. 하지만 TV나 라디오에 출연하지

않더라도 실생활에서 우리는 모두 크고 작게 소통합니다. 우리
가 시간과 에너지를 들여 말하는 이유는 상대방이 내 말을 듣고
받아들이길 바라서입니다. 사람들이 여러분의 말을 경청하게 하
려면 어떻게 해야 할까요? 여러분의 말이 영향력을 미치려면요?

　　뉴스를 더 잘 전달하려다 보니 더 효과적으로 설명하는 법
을 파고들게 되었습니다. 잘 아는 주제에 대해서든, 어제까지 전
혀 몰랐던 주제에 대해서든 말입니다. 미리 귀띔하자면 종종 후
자보다 전자가 어렵습니다.

　　저는 지금도 언제 어디서나 영감을 얻어 저만의 말하기 기
술에 접목합니다. 여러분도 이 책을 통해 그렇게 할 수 있기를
바랍니다.

이 책의 사용법

마흔 살이 되도록 요리와 별로 친하지 않았던 저에게 어느 날 아
내가 요리책을 선물해줬습니다. 재료가 비교적 간단하고 레시피
도 따라 하기 쉬웠습니다. 저는 결과물이 어떻게 나올지 신경 쓰
지 않고 각 단계를 밟는 데 집중했습니다. 그랬더니 놀랍게도 대
부분 성공적인 결과물이 나왔습니다.

　　누군가에게 설명하는 것도 요리와 비슷합니다. 어떤 재료
가 필요한지, 몇 인분을 만들 것인지 궁리하듯, 필요한 정보들을

준비해서 차근차근 가공하면 됩니다.

이 책은 모두를 위한 책입니다. 이미 능숙히 말할 수 있다면 아는 바를 바탕으로 새로운 영감과 기법을 추가할 수 있을 테고, 어디서부터 어떻게 시작해야 할지 모르겠다면 이 책이 자신감과 값진 결과를 얻을 수 있는 과정을 단계별로 안내해줄 것입니다. 책은 다섯 갈래로 구성되어 있습니다.

1. 통하는 말하기의 조건 좋은 말하기의 10가지 속성 알아보기.

2. 듣는 사람의 눈높이 맞추기 말하고자 하는 상대에 따라 메시지 조정하기.

3. 핵심을 확실하게 전하는 말하기 공식(기본편) 발표, 연설, 논문, 강의 등에서 정석적으로 활용하는 말하기 공식.

4. 어떤 상황에서도 당황하지 않는 7단계 말하기 공식(응용편) 면접, 협상, 중요한 회의, 토론, 질의응답 등 어떤 질문을 받게 될지 확신할 수 없는 상황에서 활용하는 말하기 공식.

5. 일상에서 전달력을 높이는 말하기 기술 불시에 잡힌 회의나 면담, 이메일이나 문자 메시지 등 즉각적이고 가벼운 소통에 대처하기.

이 책은 일상생활에서 누구나 적용할 수 있는 다양한 아이디어와 기법을 제공합니다. 요리책 레시피처럼 따라 해도 되고 필요에 따라 자유롭게 변형해도 좋습니다. 명확하고 효과적인 커뮤니케이터가 되기 위해 이제 기본기부터 익혀봅시다!

1장

통하는 말하기의
조건

저는 어떤 내용을 설명하거나 전달할 때 10가지 속성을 염두에 둡니다. 우리가 겪는 대부분의 커뮤니케이션 문제는 이러한 조건들을 간과해서 생깁니다.

1. 단순함
2. 필수 디테일
3. 복잡성
4. 효율성
5. 정확성
6. 맥락
7. 방해 요소 제거
8. 흥미 유지
9. 유용함
10. 명확한 메시지

무언가를 설명할 때 저는 '상대방에게 필요한 모든 정보를 최대한 이해하기 쉽게 제공하는 것'을 목표로 합니다. 지금부터 그 목표의 기반이 되는 10가지 속성을 차근차근 살펴보겠습니다.

단순함

BBC 언론계의 거인이자 당대 최고의 각본가인 앨런 리틀은 사내 교육 영상에서 이렇게 말합니다.

단순함이 이해의 열쇠입니다. 단순한 언어는 청자나 독자의 이해를 가로막는 걸림돌을 최소화합니다.

여기서 요점은 신중하게 선별한 정보에도 사람들이 이해하는 데 방해가 되는 단어, 문장, 사실 관계가 있을 수 있다는 것입니다. 그렇게 접근하니 곳곳에서 이해의 걸림돌이 발견됐습니다. 제 말의 상당 부분이 제가 의도한 메시지에 도움이 안 될뿐더러 되려 해를 끼친다는 걸 깨달았죠. 그때부터 저는 단순함을 더욱 중시하게 되었습니다.

2022년에 뉴질랜드 정부는 모든 공공 커뮤니케이션이 "단순하고 체계적이며 이용자 친화적이어야 한다"고 규정하는 쉬운 말 법안을 통과시켰습니다. 《가디언》 등의 매체를 비롯한 학자들은 이와 관련해 "정부 커뮤니케이션은 이민자 정책, 이혼 절차, 복지 수당 수급, 내 집 마련 등 시민들의 삶에 중대한 영향을 미친다. 불분명한 소통은 시민들의 서비스 이용을 가로막고, 정부에 대한 신뢰를 떨어뜨리며, 사회 참여를 저해할 수 있다"라고 밝혔죠. 불필요한 수식어, 모호한 용어, 길고 복잡한 문장 대신 쉬운 말로 전하는 메시지는 청자가 귀를 기울이고 실행에 옮길 가능성을 키웁니다.

그래서 저는 '이 내용을 더 단순하게 전달할 수 없을까?' 하고 끊임없이 자문합니다. 단순히 문장의 길이나 정보를 줄이는 것이 능사는 아닙니다. 관건은 산만하고 불필요한 정보를 제거하는 것입니다.

생각해보기

"여기서 더 단순하게 말할 수 있을까?"

필수 디테일

디테일이라 하면 앞서 말한 단순함과 모순된 것처럼 보일 수도 있는데 그렇지는 않습니다. 우리의 목표는 **필요한 모든 정보**를 쉽게 전달하는 것이기 때문입니다. 현실에서는 필수 세부 사항이 간과되는 경우가 상당히 많습니다.

2010년대 들어 뉴스 미디어는 짧고 간결한 영상 제작에 집중했습니다. 시청자들이 긴 영상을 싫어한다는 통념 때문이었죠. 하지만 2016년에 저는 유튜브 런던 지사를 통해 의외의 데이터를 접했습니다. 콘텐츠가 매력적인 경우라면 시청자들은 오히려 더 긴 영상을 선호한다는 것이었습니다. 이는 관심 있는 주제에 대해서는 대중이 더 깊이 있고 상세한 설명을 원한다는 점을 시사했습니다.

해설형 언론에 중점을 두고 2014년에 출범한 미국의 뉴미디어 매체 〈복스Vox〉는 이러한 사실을 일찌감치 깨닫고 일반 TV 보도보다 훨씬 긴 영상으로 빠르게 많은 시청자를 확보했습니다. 청중의 규모와 관계없이 무언가를 설명할 때 필수 디테일은 타협할 수 없는 요소입니다.

어떤 주제에 대해 제대로 전달하려면 필요한 정보가 무엇인지 파악하고 우선순위를 정해야 합니다. 특히 세부 정보가 너무 많으면 메시지가 혼란스러워질 수 있으니 **청중이 꼭 알아야 하는 정보에 초점을 맞춰야 합니다.** 세부 정보가 적절하고 유익하다면 청중은 자연스레 주의를 기울일 것입니다.

생각해보기

"이 이야기에 꼭 필요한 세부 정보는 무엇일까?"

복잡성

우리는 단순하고 필수적인 정보를 원합니다. 그런데 쉬운 말로 전하는 필수 정보에도 불가피하게 복잡한 내용이 담겨야 할 때가 있습니다. 주제나 사안이 복잡할수록 효과적으로 말하기란 어렵기 마련이죠. 자칫하면 상대방에게 혼란이나 좌절, 더 나아가 불쾌감을 안길 수도 있습니다.

그렇다고 복잡한 내용을 마냥 피하는 것이 능사는 아닙니다. 필수 세부 사항을 무시할 수 없는 것처럼, 말하고자 하는 내용의 본질적인 복잡성을 무시해서도 안 됩니다. 우리가 설명하려는 주제는 대부분 복잡하며, 제대로 전달하려면 그 복잡성을 감수해야 합니다.

2015년 여름, 저는 특파원으로 그리스에 파견되었습니다. 당시 그리스는 심각한 재정 위기로 국채 상환이 어려웠고, 곳곳에서 시위가 벌어지고 있었습니다. 유럽연합은 지원 방안을 모색했으나 그리스가 유로화를 버리고 자체 화폐로 돌아갈지도

모른다는 우려가 제기되었습니다. 이는 유럽연합 전체에 엄청
난 타격을 입힐 수 있었습니다.

저는 현지 상황을 실시간으로 보도하기 위해 2주 동안 그리
스 의회와 신타그마 광장이 내려다보이는 건물 옥상에서 뙤약
볕 아래 긴 하루를 보냈습니다. 워낙 큰 이슈다 보니 취잿거리가
수두룩했고, 하루에도 몇 시간씩 방송에 나와 어떤 상황이 전개
되든 설명할 준비가 되어 있어야 했습니다.

그리스 국채 위기는 국내외 정치 및 경제 상황이 까다롭게
얽힌 문제였습니다. 사안의 복잡성은 그 중요성만큼이나 컸습
니다. 앵커에게 어떤 질문을 받을지도 모르고 방송 시간도 넉넉
지 않은 상황에서 대본도, 사전 지식도 없이 그렇게 복잡한 내용
을 어떻게 설명할지 매 순간 땀을 삘삘 흘리며 고민했습니다.

우리 팀의 임시 거처였던 테니스 코트만 한 옥상 공간에는
짬짬이 더위를 피할 수 있는 작은 사무실이 있었습니다. 그곳에
서 세 가지 목록을 작성했습니다. 하나는 이해한 내용과 이를 설
명할 방법, 다른 하나는 이해하기조차 어려운 내용, 마지막은 이
해하지 못한 내용의 다른 측면을 발견하는 대로 적었습니다. 그
러고서 나름대로 최선을 다해 조사하고 부족한 부분을 채웠습
니다. 도무지 이해할 수 없는 지점에 이르러서는 다른 사람에게
도움을 구했습니다.

경력 초기에 나토 사무총장과 한 시간 동안 생방송 전화 인
터뷰를 진행한 적이 있습니다. 나름대로 예습을 했는데 방송 당

일 아침까지 나토와 러시아의 갈등 관계를 명확히 설명할 수 있는지 확신이 서지 않았습니다. 이는 아직 준비가 안 됐다는 뜻이었죠. 그래서 당시 동료였던 조너선 마커스에게 전화를 걸어 도움을 구했고, 통화를 마친 뒤에 나토와 러시아의 관계를 자신 있게 이야기할 수 있었습니다.

아테네에서는 BBC 비즈니스 특파원 조 리넘의 도움을 받았습니다. 보도할 내용에 관해 조에게 이것저것 물은 뒤 조가 알려준 내용을 다시 간결하게 설명해봤습니다. 제 말이 틀릴 때마다 조는 인내심 있게 바로잡아 주곤 했습니다. 그런 식으로 점점 명확한 설명에 가까워졌습니다. 그리스 출장에서 얻은 교훈은 무언가를 제대로 이야기하고 전달하려면 복잡성을 피할 수 없다는 것, 그리고 무엇보다 먼저 말하고자 하는 내용에 대해 제대로 이해해야 한다는 것이었습니다.

누구나 복잡한 내용을 설명하려다 포기한 경험이 있을 것입니다. 스스로 설명하려는 내용을 제대로 이해하지 못했거나 더 간결하게 설명하려는 의지가 없었기 때문이겠죠. 두 이유 모두 효과적인 소통에 걸림돌이 됩니다. 복잡한 정보를 제대로 이해하지 못한 채 전달하면 청중의 이해도와 신뢰도를 떨어뜨릴 수밖에 없습니다.

또한 복잡성을 잘 끌어안으면 정보에 변별력이 생깁니다. 저는 상당한 시간을 들여 무언가를 이해하고도 설명에 포함하지 않을 때도 있습니다. 그래도 충분히 가치가 있죠. 내용을 확실히 이해했기에 더 자신 있게 설명할 수 있습니다.

이는 익숙한 분야든 낯선 분야든 마찬가지입니다. 교사라면 학생에게, 의사라면 환자에게 복잡한 내용을 이해하기 쉽게 전달하는 방법을 갖추고 있을 겁니다. 여기서 요점은 항상 비전문가의 눈높이에 맞게 말해야 한다는 것입니다.

한편 낯선 분야에 대해 말해야 한다면 어떨까요? 가령 여러 업체가 참여하는 집 공사에서 여러분이 중간 조율자 역할을 맡았다고 합시다. 스스로 이해하지 못한 정보는 명확하게 전달하기 어렵겠죠. 먼저 배관이나 전기 설비 등 공사에 필요한 기본적인 정보를 어느 정도 숙지해야 의뢰인이자 전달자로서 신뢰를 얻고 공사를 순조롭게 진척시킬 수 있습니다.

복잡성을 적극적으로 다뤄야 어떤 정보를 어떻게 쓸지 더 잘 판단할 수 있습니다. 더 나은 판단은 자연히 더 나은 설명으로 이어지죠. 그렇기에 최고의 설명은 복잡성을 포용하기 마련입니다.

생각해보기

"이 주제에 대해 내가 이해하지 못하는 요소가 있을까?"

효율성

핸드폰이 우리의 집중력을 망쳤다고들 하지만, 우리는 넷플릭스, 유튜브, 영화관, 팟캐스트가 제공하는 콘텐츠에 얼마든지 장시간 동안 몰입할 수 있습니다. 결국, 얼마나 '기꺼이' 집중할 수 있느냐의 문제입니다. 흥미가 떨어지는 즉시 시선을 돌릴 수 있기에 사람들의 관심을 끌어오기 위한 경쟁이 더더욱 치열해졌습니다. 바야흐로 관심 경쟁의 시대인 것입니다.

저 역시 언론인으로서 디지털 생태계에 적응하면서 사람들이 투자한 시간 대비 가장 큰 가치를 얻을 수 있도록 노력해왔습니다. 그 해답으로써 고안한 것이 뉴스 프로그램 〈아웃사이드 소스〉의 포맷입니다. 매 순간 시청자에게 '고단백 뉴스'를 전달하는 것이 목표였습니다. 즉, 시청자가 내준 시간에 최대한 유용하고 가치 있는 정보를 제공하겠다는 것이었습니다.

2017년 영국 총선 기간에 저는 고향인 콘월에 파견되었습니다. 잘 아는 지역이지만 효과적인 보도를 위해 자세한 정보가 필요했습니다. 마침 첫 방송을 이틀 앞두고 한 뉴스 보도를 접했는데, 단순히 잉글랜드 남서부가 아닌 콘월의 한 도시 펜잰스에 초점을 맞춘 선거 동향 보도였습니다. 저는 기대를 품고 메모하기 시작했지만, 그 보도는 대략적인 지역 정보와 현지인 두어 명의 견해를 전달할 뿐 실질적인 통계, 맥락, 분석 등 이용할 만한 핵심 내용은 거의 없었습니다. 투자한 시간을 보상받지 못한 저는 효율적인 설명이 얼마나 중요한지 이때 절감했습니다.

2011년 10월, 잡지 《디 앤틀랜틱》은 애플 창업자 스티브 잡스가 사망한 다음날 그에 대한 흥미로운 일화를 전했습니다.

최초의 아이팟을 개발한 엔지니어들은 스티브 잡스에게 시제품을 보여줬다. 잡스는 기기를 이리저리 만져본 뒤 너무 크다며 거절했다. 엔지니어들은 그보다 더 작게 만들 수는 없다고 했다. 잠시 말이 없던 잡스는 근처에 있던 어항에 아이팟을 떨어뜨렸다. 기기가 가라앉자 공기 방울들이 물 위로 솟아올랐다. "거품 보이죠? 안에 공간이 있다는 뜻이에요. 더 작게 만드세요."

여기서 '안에 공간이 있다.'라는 그 말이 인상적이었습니다. 기자들은 기사를 더 짧게 쓰라는 압박을 수없이 받습니다. 지면이나 방송 시간의 제약 때문이죠. 프레젠테이션이나 회의도 마찬가지입니다. 시간 제약이 있을 때 우리는 정보를 서둘러 전달하려다 필수 세부 사항을 빼버리는 실수를 저지르기도 합니다.

훌륭한 편집자는 작성자도 모를 만큼 티 안 나게 원고에서 1000단어를 없애버릴 수 있다.

몇 년 전 《뉴욕타임스》 기자 제인 브래들리가 트위터(지금의 X)에 올린 이 문구는 제가 지극히 공감하는 말입니다. 단어 수가 줄어든다고 해서 정보의 질이 낮아지진 않을까 우려스러울 수도 있지만 그런 경우는 드뭅니다. 오히려 그 반대인 경우가 더 많죠.

저도 설명문이나 연설문 등을 작성할 때 여러 번 훑어보며 거품을 거둬냅니다. 검토하면서 불필요한 단어, 정보, 문장을 제거하거나 압축합니다. 이 과정을 많이 거칠수록 효율적으로 전달할 수 있습니다. 단 효율적인 말하기와 간략하게 말하기는 다릅니다. 효율성은 주어진 시간을 최대한 활용하는 것에 초점을 맞춰야 하죠. 따라서 효율적으로 설명하면 메시지가 명확해질 뿐 아니라 메시지를 전할 공간까지 최대한 확보할 수 있습니다.

생각해보기
"여기서 더 간결하게 말할 수 있을까?"

정확성

BBC 사내 교육 영상에서 앨런 리틀이 한 말이 또 있습니다.

좋은 글쓰기란 자신의 의도를 정확한 말로 정확하게 표현하는 것입니다.

이를 위해서는 두 단계가 필요합니다. 첫째, 하고 싶은 말이 뭔지 파악하고 둘째, 적절한 단어를 선택하는 것입니다. 많은 사람이 이 두 단계를 간과해 의사 전달에 실패하곤 합니다. 제 경우 누누이 언급한 《인디펜던트》 면접 경험에서 그 중요성을 뼈저리게 느꼈고 그런 경험을 이후에도 여러 번 겪었습니다. 스스로 잘하고 있다고 느낄 때는 말하려는 바를 제대로 파악하고 모든 문장이 목적에 들어맞을 때였습니다.

대학 시절, 전설적인 싱어송라이터 조니 미첼이 1970년대 초에 발표한 음반 〈블루〉를 닳도록 들었습니다. 처음 접했을 때부터 그 진솔한 노랫말, 정서적 깊이, 간소한 연주의 조합이 마음을 휘어잡았습니다. 그런데 최근에야 조니 미첼의 전기를 읽고 이 음반이 어떻게 듣는 이에게 그런 마법적 공명을 불러일으키는지 이해하게 되었습니다.

『조니 미첼』을 쓴 데이비드 야프는 〈블루〉를 설명하며 이렇게 말합니다. "어쿠스틱으로 연주한 사운드는 좀 빈 것처럼 느껴진다. 뮤트된 드럼은 브러시로 연주했다. 기타와 모두가 탐내던 스튜디오 C의 그랜드 피아노를 포함한 다른 악기들은 모두 어쿠스틱이다. 앨범 전체의 정서가 러스 쿤켈의 콩가와 함께 맥동한다." 핵심을 말하자면 조니 미첼이 전하는 내용의 힘이 너무 강렬해서 선율을 과시할 필요가 없다는 것입니다.

이 메시지를 우리의 말하기에 적용해보죠. 내용이 적절하고 흥미로우며 유익하다면 그 내용을 둘러싼 말은 간략해도 됩니다. 즉 핵심 정보가 가치 있다면 짧을수록 좋은 거죠.

〈블루〉는 또한 NPR(미국 내셔널 퍼블릭 라디오)가 선정한 '여성이 만든 가장 위대한 음반 150'에서 1위를 차지했습니다. NPR 뮤직의 앤 파워스는 선정 이유를 설명하는 글에서 "〈블루〉는 정서적 글도 지독할 만큼 정확해야만 파급력이 생긴다는 것을 일깨워준다"고 했습니다.

물론 의미를 전하는 방식은 다양하며 정확성이 커뮤니케이션의 필수 전제 조건은 아닙니다. 단, 효과적으로 설명해야 할 때 정확성은 필수 요소입니다. 핵심은 적절한 단어를 선택하고 주의를 분산할 만한 요소들을 제거해나가는 것입니다.

생각해보기

"전달하고자 하는 바를 정확히 말하고 있는가?"

맥락

맥락은 매우 중요합니다. 인간의 경험은 모두 다른 사건, 사람 또는 지식과의 관계 속에서 의미를 지닙니다. 우리는 이를 본능적으로 알고 있지만, 무언가를 설명할 때 맥락보다는 해당 주제나 사건의 세부 사항을 우선하는 경우가 많습니다.

뉴스 보도가 특정 사건에만 초점을 맞추고 그 사건을 일으킨 상황을 제대로 설명하지 않는 경우가 그러합니다. 그러나 맥락을 생략하면 사람들이 해당 주제나 사건에 대해 제대로 이해하지 못하거나 관심을 덜 기울일 수 있습니다. 그러면 어떤 형태의 설명도 효과적이지 않을 것입니다.

예를 들어 상사에게 영업 성과를 보고할 때는 담당 전 영업 실적을 언급해야 합니다. 업무상 팀의 구조를 변경해야 한다고 주장할 때는 수차례의 요청에도 불구하고 10년 동안 구조가 변경되지 않았다는 점을 언급해야 합니다. **맥락은 사람들의 관심과 이해를 부르는 열쇠입니다.**

2011년, BBC 월드 서비스에서 뉴스를 진행할 때였습니다. 파키스탄 편자브주 주지사 살만 타시르가 자신의 경호원에게 암살당했다는 소식이 전해졌습니다. 살만 타시르는 파키스탄에서는 저명한 인사지만 세계적으로 잘 알려진 인물은 아니었습니다. 이날 방송에는 파키스탄에 대해 폭넓은 지식을 갖춘 기자 오웬 베넷 존스가 함께했고, 뉴스 요약이 끝난 후 오웬에게 이 사건을 어떻게 보는지 물었습니다.

그 후 5분 동안 제가 그간 들어본 것 중 최고의 설명이 이어졌습니다. 오웬은 메모 한 장도 없이 왜 이 사건이 파키스탄뿐 아니라 전 세계에 중요한지 능숙하게 설명했습니다. 청취자들은 대부분 파키스탄에서 살지 않기에 이 사건에 대한 사전 지식이 없는 상태에서 그의 이야기를 들었을 것입니다.

암살 자체를 다룬 건 5분 중에서 1분도 채 안 됐고, 나머지는 배경을 전달하는 시간이었습니다. 오웬은 살만 타시르의 이력을 파키스탄의 민주주의, 신성모독법을 둘러싼 극심한 갈등, 서구와의 관계, 복잡한 안보 상황이라는 넓은 맥락에서 이야기했습니다.

오웬은 전 세계 청중에게 그 사건의 중요성을 전달하려면 배경을 제공해야 한다는 걸 잘 알고 있었습니다. 덕분에 저는 파키스탄의 상황에 대해 이해할 뿐 아니라 문맥의 중요성을 인식하며 효과적인 말하기 기술을 배울 수 있었습니다.

그 후 저는 맥락을 더 신경 쓰게 되었고, 제 방송에도 다음과 같은 표현을 적용했습니다.

- "이것이 중요한 이유는…"
- "이것을 이해하려면 …을 기억해야 합니다."
- "이 모든 것은 다시 …로 연결됩니다."
- "이런 일이 저절로 일어나는 것은 아닙니다."
- "이 일이 당장의 결과를 넘어 중요한 이유는…"

말하려는 바가 중요한 이유를 제시하면 상대방이 귀를 기울이고 더 잘 이해할 가능성이 커집니다. 반대로 말하려는 바가 왜 중요한지 설명할 수 없다면 실제로 중요하지 않을 수도 있습니다. 굳이 설명할 필요가 없다면 상대방도 그렇게 느끼기 마련입니다.

뉴스룸에서는 종종 어떤 내용을 보도에 포함할지 결정할 때 아무리 흥미로워도 '꼭 필요한 내용인가?'라고 물으며 점검합니다. 맥락을 고려하면 결정이 쉬워집니다.

생각해보기

"상대방에게 이 내용이 왜 중요할까?"

방해 요소 제거

우리는 설명할 때 청자의 집중을 흐트러뜨리는 요소를 의외로 곧잘 집어넣습니다. 그런 방해 요소에는 언어적 요소와 시각적 요소가 있습니다. 먼저 언어적 방해 요소부터 살펴보겠습니다. 종종 대화를 나누다가 모르는 단어나 이름을 접할 때가 있습니다.

- "샘한테 말했지, 그렇게는 못한다고." (샘이 누군데?)
- "샘은 프로젝트 검토 이후 계속 화를 내고 있어." (무슨 프로젝트 검토?)
- "샘이 하는 일이라고는 궤변적 회피뿐이야." ('궤변적'이 무슨 뜻이지?)

낯선 요소를 맞닥뜨리면 전반적인 이해에 제동이 걸립니다. 그 의미를 추측할 수 있더라도 당황스럽기 마련입니다. 말하는 이가 듣는 이의 이해나 눈높이를 고려하지 않았다는 인상을 줍니다.

이렇게 우리가 상대방에게 의도치 않은 혼란과 불쾌감을 안기는 이유는 때때로 무언가를 설명하지 않는 쪽이 쉽고 편한 길이기 때문입니다. 저는 이것을 '나토 법칙'이라고 부릅니다. 나토는 북대서양조약기구the North Atlantic Treaty Organization의 약자로, 1949년부터 2023년 현재까지 31개 서방 국가들이 가입한 군사 동맹입니다. 2021년 서방의 아프가니스탄 철수나 2022년 러시아의 우크라이나 침공 등 여러 굵직한 사건에서 중요한 역할을 담당하고 있습니다.

모든 이가 나토를 안다고 확신한다면 다른 내용을 설명하는 데 집중할 수 있습니다. 하지만 그렇게 확신할 수 없을 때 아무런 부연 없이 나토를 언급하면 사람들에게 혼란을 줄 수 있습니다.

사람들은 모르는 말을 들으면 그 의미를 파악하려다 요점을 놓치거나 자신과 관련 없는 내용이라고 느껴 귀를 닫게 됩니다. 이를 방지하기 위해 저는 까다로운 용어를 어떻게든 설명하거나 아예 생략합니다. 제한된 시간의 압박 속에서 이 설명이 사람들의 이해에 도움이 될지, 아니면 혼란만 안길지 고심해서 판단합니다. 어떻게 판단해야 할지 뒤에서 더 자세히 이야기하겠지만, 결국 사람들을 혼란스럽게 할 만한 요소는 남겨두지 않아야 합니다.

이 책을 집필하는 동안 북한의 사이버 범죄를 다룬 BBC 팟캐스트 〈라자루스 사기 사건The Lazarus Heist〉을 즐겨 들었습니다. 한 에피소드에서 진행자 제프 화이트는 방글라데시 은행 해킹으로 10억 달러가 도난당할 뻔한 사건에 관해 이야기합니다.

한창 듣던 중, 해커들이 은행의 스위프트Swift 시스템에 침투하는 데 성공했다는 대목이 나오자 저는 멈칫했습니다. '스위프트? 그게 뭐지?' 그때 화이트는 이렇게 말합니다. "여기서 잠깐 스위프트가 뭔지 짚고 넘어가겠습니다. 이 이야기에서 매우 중요한 요소이기 때문이죠."

그러고서 탁월한 설명이 이어졌습니다. 그는 이야기에서 특정 용어의 중요성을 인식하고 짬을 내어 따로 설명한 것이죠. 이는 모범적인 사례입니다. 이야기를 잠시 멈추더라도 설명이 흥미롭거나 유익하면 전반적인 이야기에 대한 몰입과 이해가 더욱 깊어집니다.

우리는 대화 상대가 누구냐에 따라 어떤 용어를 설명할지 안 할지 자연스레 판단합니다. 그런데 판단이 까다로울 때도 있습니다. 예를 들어 인플레이션, 비례대표제, 파리기후협정 같은 용어는 청중에 따라 설명이 필요할 수도 있고 필요하지 않을 수도 있습니다. 이럴 때 저는 "이미 아는 분도 계시겠지만…" 이라는 표현을 자주 사용합니다. 아는 사람에게 양해를 구하면서 모르는 사람에게 정보를 제공하는 것입니다.

설명이 산만해지지 않게 하려면 걸리는 용어가 없는지 점검해야 합니다. 까다롭거나 낯선 용어를 점검하는 것은 시간과 품이 들지만 충분히 가치 있는 작업입니다. 필요한 설명을 건

너뛰면 사람들이 혼란스러워하고 귀를 기울이지 않을 수 있습니다.

'나토 법칙'으로 언어적 방해 요소를 다뤘다면 이제 '아웃사이드 소스 법칙'으로 시각적 방해 요소를 살펴보겠습니다. 앞서 이야기했듯이 〈아웃사이드 소스〉의 포맷은 진행자인 제가 시청자 앞에서 보도를 구성하는 것입니다.

저는 시청자들이 보는 이미지가 제가 말하는 내용에 직결되길 원했습니다. 보통 TV 뉴스 보도에는 이미지가 그저 배경 화면처럼 사용되곤 합니다. 가령 전쟁 관련 보도에서는 일반적인 전투 이미지가, 교통 정책 관련 보도에서는 버스나 기차 이미지가 나타나는 식이죠. 이런 이미지들은 시청자의 주의력을 분산시키고 보도의 취지를 흐립니다.

그래서 저는 제 모든 프레젠테이션, 해설 영상, 보고서에 구체적으로 언급할 때만 이미지, 그래프, 지도, 트윗 등을 삽입합니다. 내용과 직결되지 않는 시각 자료를 띄우면 오히려 역효과가 납니다. 사람은 한 번에 두 가지 정보를 잘 처리하지 못합니다. 자료 사이를 빠르게 전환할 수는 있지만 동시에 처리하기는 쉽지 않습니다.

여러분도 한 화면에 많은 정보가 들어있는 프레젠테이션이나 유튜브 영상을 본 적 있을 겁니다. 그렇게 동시다발적인 정보를 한꺼번에 처리하려고 애쓰다 보면 빠르게 집중력을 잃습니다. 참고 자료는 필요할 때만 제공하고 그렇지 않을 때는 청중의 주의를 흩트리지 않아야 합니다.

시각 자료는 큰 도움이 될 수 있지만 남발하면 역효과를 불러온다는 걸 기억하세요. 말하고자 하는 바를 가장 잘 전달하려면 언어적, 시각적 방해 요소를 모두 찾아 제거해야 합니다.

생각해보기

"언어적 또는 시각적 방해 요소가 있는가?"

흥미 유지

2002년, 새벽 1시부터 5시까지 진행하는 BBC 라디오 5 라이브의 심야 프로그램인 〈업 올 나이트〉에 합류했습니다. 심야 프로그램인 만큼 다른 프로그램보다는 주목을 덜 받는 프로그램이었죠. 한 번은 편성국 회의실에서 열리는 청취자 브리핑에 참석하게 되었습니다.

당시 BBC는 실시간 청취자 조사를 진행했습니다. 청취자 모집단은 각각 0에서 시작하는 다이얼을 들고 어떤 프로그램 방송을 들으면서 흥미로우면 다이얼을 오른쪽으로 돌리고, 지루하면 왼쪽으로 돌렸습니다. 이런 실시간 피드백을 통해 프로그램에 대한 청취자들의 반응을 자세히 파악할 수 있었습니다.

데이터에 따르면 프로그램의 구간별로 뚜렷한 약세 패턴이 있었습니다. 프로그램이 끝날 때 청취율이 급감하는 것은 예측 가능했지만, 프로그램 중간에도 청취자들이 한결같이 흥미를 잃는 지점이 있었습니다. 왜 그런 일이 발생하는지, 어떻게 하면 그런 일을 피할 수 있는지 그때부터 저는 꾸준히 고민하기 시작했습니다.

디지털 세상에서 사람들은 빠르게 이동합니다. 그리고 우리는 시청률, 조회수, 팔로워 등의 데이터를 통해 사람들이 관심을 끊는 지점을 정확히 파악할 수 있습니다. 이런 현실은 가혹하지만 발전의 동기가 되기도 합니다. 우리는 사람들이 어디서, 왜 관심을 잃는지 파악해야 합니다. 불분명해서? 지루해서? 쓸데없는 정보를 제공해서? 이는 동영상, 프레젠테이션, 연설, 보고서 등 모든 형태의 말하기에 적용됩니다. 다이얼 테스트를 떠올리며 잠재적 청자의 흥미와 관심을 떨어뜨리지 않기 위해 고민할 필요가 있습니다.

2021년, 도널드 트럼프가 2020년에 탈레반과 체결한 협상이 조 바이든의 아프가니스탄 철군 결정과 어떻게 연결되는지 설명하는 영상을 올렸습니다. 이 영상은 트위터에서 100만 회가 넘는 조회수를 기록했는데, 그 파급력은 쉽게 생긴 게 아니었습니다. 녹화를 마친 뒤 편집자 앤드류 브라이슨이 특정 구간이 너무 늘어진다는 의견을 제기했습니다. 그래서 우리는 프로듀서와 함께 녹화본을 여러 번 돌려 보며 재검토했습니다. 우리만의 다이얼 테스트였죠.

저는 그 구간의 내용이 중요하다고 확신했지만, 앤드류는 목적이 불분명하고 꼭 필요한 정보가 아니라서 시청자가 흥미를 잃을 수 있다고 주장했습니다. 제가 작성한 긴 버전을 다시 한번 검토한 후 앤드류가 옳다는 걸 인정해야 했고, 결국 짧게 편집한 버전을 게시했습니다. 영상이 큰 인기를 끌면서 버려진 정보는 중요하지 않은 것으로 판명되었고, 앤드류가 다이얼 테스트를 성공적으로 통과했음을 확인할 수 있었습니다.

이런 지점을 파악하지 못하면 좋은 기회를 날리게 됩니다. 한 구간에서 청중의 관심을 잃으면 나머지를 훌륭하게 설명하더라도 그 관심이 다시 돌아오리라는 보장이 없습니다. 자칫하면 전달하고자 하는 모든 내용이 허무한 메아리가 될 수 있습니다. 학교 수업에 비유하자면, 몇몇 학생이 집중력을 잃으면 모든 학생이 산만해지는 것과 비슷하죠.

아무리 좋은 설명도 일부가 흔들리면 전체가 위태로워질 수 있습니다. 무언가를 설명할 때 청중이 흥미를 잃지 않는지 늘 예의주시해야 합니다.

생각해보기

"상대방의 집중력이 흐트러질 만한 구간이 있는가?"

유용함

저는 무언가를 설명해야 할 때 예상 질문 목록을 작성합니다. 그
모든 질문에 답할 수 있다면 상대방이 제 말을 경청할 가능성이
크기 때문입니다.

2019년 말부터 이듬해 초까지 호주는 심각한 산불을 겪었
습니다. 전 ABC 기자이자 숙련된 프로듀서인 코트니 뱀브리지
가 이 사태를 진지하게 다루고자 했고, 우리는 몇 주에 걸쳐 일
련의 영상을 제작했습니다. 먼저 우리는 사람들의 궁금증을 해
소하는 데 중점을 두고 예상 질문을 작성했습니다.

예상 질문

- 기후 변화에 대한 스콧 모리슨 총리의 발언이 당론과 일치했는가?
- 처방 화입산불 예방을 위해 계획적으로 산에 불을 놓는 작업—옮긴이이 산불 피해
  를 예방할 수 있었나?
- 방화가 화재의 원인이었는가?

· 석탄 산업이 호주 정부의 산불 대응에 영향을 미쳤는가?

우리는 이런 예상 질문에 직접 답하는 영상을 연이어 제작했고, 각 영상은 높은 조회수를 기록했습니다.

어떤 상황에서든 사람들이 기대하는 정보를 예측하면 명확하고 효과적으로 설명할 수 있습니다. 이는 청자의 신뢰도와 몰입도를 모두 높입니다.

생각해보기

"상대방이 궁금해할 질문에 답했는가?"

명확한 메시지

제가 쓰라린 경험을 통해 배운 바로, 말하고자 하는 바가 명확하지 않으면 상대방은 쉽게 알아챕니다. 그런 순간이 오면 추진력을 회복하고 상대방의 관심을 되돌리기가 생각보다 쉽지 않습니다. 이를 피하기 위한 제 전략은 미리 목적을 명확히 하는 것입니다.

1990년대 초반, 10대였던 저는 댄스 음악에 푹 빠져 엘피판을 열렬히 수집했고 대학을 졸업할 무렵에는 턴테이블 두 대와 믹서를 사서 직접 디제잉을 시작했습니다.

10년 후에는 리젠트 파크에서 열린 한 야외 행사에서 디제이를 맡게 되었는데 사람들이 어떤 음악을 기대할지 전혀 예상할 수 없었습니다. 제가 믹싱한 곡들은 개별적으로는 훌륭했지만 왠지 유기적으로 이어지지 않았습니다. 사람들은 두세 곡 흐름을 타는가 싶다가 다음 곡에서 멀어지곤 했습니다. 큰 문제는 아니었고 여전히 즐거운 밤이었지만, 길을 잃은 듯한 느낌을 떨칠 수 없었습니다. 그와 반대로 관객의 음악 취향에 맞춰 디제잉할 때의 기분은 말 할 것도 없이 정말 짜릿했습니다.

이런 경험은 저에게 소중한 교훈을 주었습니다. 음악이든 설명이든 효과적인 커뮤니케이션을 위해서는 목적이 명확해야 합니다. 그렇지 않으면 제가 리젠트 파크 행사에서 느꼈던 감정, 즉 기회와 원재료는 있으나 그것들로 뭘 만들어야 할지 몰라 방황하는 느낌을 받게 됩니다.

이러한 생각은 이제 제 뉴스 보도 방식에 굳건히 자리 잡았습니다. 모든 기자는 '무엇을' '어떻게' 보도할지에 집중하지만, 저는 그 초점을 '왜'까지 확장합니다. 그 보도를 통해 어떤 목적을 달성하고자 하는지 고려합니다. 그리고 제가 하는 모든 말이 그 목적에 부합하기를 바랍니다.

이는 다양한 말하기 상황에 적용할 수 있습니다. 리포트를 쓰든, 예산안 브리핑을 하든, 자선 모금 행사를 열든, 전달하는 모든 정보는 달성하고자 하는 **목적**에 **부합**해야 합니다. 당연한 말처럼 들려도 우리는 종종 취지에서 벗어난 정보를 단순히 흥미롭다는 이유로 설명에 포함하곤 합니다. 그러면 설명의 초점과 목적을 잃게 됩니다.

제가 설명이나 소통의 적합성을 평가하는 방법은 각 요소가 전체적인 목적을 뚜렷하게 뒷받침하는지 점검하는 것입니다. 목적에 도움이 안 되는 요소를 제거하면 정보들이 일관성을 갖추게 되고, 이제 그 정보들을 간단명료하게 전달하기만 하면 됩니다.

　목적이 모호하거나 목적에서 벗어난 정보가 있으면 커뮤니케이션의 질이 떨어지기 마련입니다. 모든 정보가 하나의 목적으로 귀결될 때 설득력 있고 효과적인 커뮤니케이션이 될 수 있습니다.

생각해보기

"이 말하기의 핵심 메시지는 무엇인가?"

우리는 말할 때마다 지금까지 살펴본 10가지 속성을 점검해야 합니다. 처음에는 의식적으로 살펴야겠지만, 익숙해지면 의사소통 능력에 깊이 뿌리내리게 됩니다. 무언가를 능숙하게 설명하려면 스포츠 기술을 몸에 익히듯이 지속적인 훈련이 필요합니다. 감각을 잃지 않도록 아래의 목록을 점검하시길 바랍니다.

1. **단순함:** 여기서 더 단순하게 말할 수 있을까?
2. **필수 디테일:** 이 이야기에 꼭 필요한 세부 정보는 무엇일까?
3. **복잡성:** 이 주제에 대해 내가 이해하지 못하는 요소가 있을까?
4. **효율성:** 여기서 더 간결하게 말할 수 있을까?
5. **정확성:** 전달하고자 하는 바를 정확히 말하고 있는가?
6. **맥락:** 상대방에게 이 내용이 왜 중요할까?
7. **방해 요소 제거:** 언어적 또는 시각적 방해 요소가 있는가?
8. **흥미 유지:** 상대방의 집중력이 흐트러질 만한 구간이 있는가?
9. **유용함:** 상대방이 궁금해할 질문에 답했는가?
10. **명확한 메시지:** 이 말하기의 핵심 메시지는 무엇인가?

이렇게 알아본 것을 바탕으로, 다음으로는 말하고자 하는 대상을 고려할 차례입니다.

2장

듣는 사람의
눈높이 맞추기

사업을 한다면 고객이 누구인지, TV 프로그램을 제작한다면 시청자가 누구인지, 콘퍼런스에서 강연한다면 참석자가 누구인지 알아야 합니다. 하지만 우리는 종종 청중을 간과할 때가 있습니다. 시장을 이해하지 못하면 비즈니스가 성공할 수 없듯 누구를 대상으로 말하는지 고려하지 않으면 원활히 소통할 수 없습니다.

1. 대상
2. 지식수준 판단
3. 맞춤화
4. 개인화
5. 신뢰

말하는 대상에 대해 고려할 요소를 이렇게 다섯 가지로 정리할 수 있습니다. 저는 제 설명을 듣거나 읽을 사람에 대해 제가 뭘 알고 있는지 틈틈이 확인합니다. 상대를 더 잘 알수록 커뮤니케이션의 질이 올라가기 때문입니다. 지금부터 자세히 알아보겠습니다.

대상:
청자가 누구인가?

저는 소속, 연령대, 관심사, 전공 분야, 직급, 업무 성격 등 청중
에 대한 최대한 많은 정보를 얻으려고 노력합니다.

라디오 프로그램을 기획한다고 하면 동료, 배급자, 청취자
등 설득할 대상을 파악하는 데 몇 주에서 몇 달까지 투자합니
다. 그들에 대한 깊은 이해가 프로그램의 성패를 좌우하기 때문
이죠. 만약 BBC 고위급 인사가 갑작스럽게 회의를 요청하는 경
우라면 그가 누구인지, 조직에서 어떤 역할을 하는지, 제게 어떤
의견이나 정보를 원할지 1분이라도 짬을 내어 파악합니다. 완벽
하진 않아도 아무 준비 없이 참석하는 것보다는 훨씬 낫습니다.

어떤 상황에서든 누구에게 말할지 파악하고 있으면 더 유
리한 위치에 설 수 있습니다.

지식수준 판단:

무엇을 알고 싶어 하며, 얼마만큼 아는가?

물론 모든 사람의 개별적인 지식수준을 다 알 수는 없습니다. 청중의 규모가 크고 다양할수록 더더욱 그렇지요. 그렇지만 되도록 전반적인 수준은 알아내고서 시나리오를 짜는 편이 훨씬 낫습니다.

예를 들어 대중 연설의 경우 그 자리에서 청중에게 질문하여 알아낼 수 있습니다. 사람들은 보통 누군가가 자신에게 관심을 기울이고 말하는 내용이 자신과 관련 있는지 확인하는 것을 불쾌하게 여기지 않습니다. 다만 쉽게 구할 수 있는 정보를 요구하면 게을러 보일 수 있습니다.

또한, 청중이 무엇을 알고 있는지뿐 아니라 '무엇을 알고 싶어 하는지'도 고려해야 합니다. 하지만 저는 한때 그 점을 간과했습니다. 영국항공 기내 라디오 방송 기자로 활동하던 시절이었습니다. 한 문화 관련 방송에서 세계 곳곳의 축제 세 가지를 골라 15분 동안 이야기하는 코너를 맡았습니다. 각 축제에 대한 정보를 최대한 많이 제공하려고 노력했는데, 돌이켜보니 청취자인 비행기 승객들을 제대로 고려하지 않은 태도였습니다. 그들은 대부분 해당 축제가 열리는 나라에 가지 않을 테니, 그런 실용적인 가이드가 아닌 그저 지루한 비행시간을 달랠 재밌고 듣기 편한 방송을 원할 터였습니다. 안타깝게도 저는 청취자가 원하는 바를 놓치고 정보를 쏟아내는 데 열중한 것입니다.

청중이 무엇을 알고 무엇을 알기 원하는지 파악하면 어떤 정보가 가장 적절하고 유익할지 더 잘 판단할 수 있습니다.

맞춤화:
어떤 방식으로 정보를
전달받기 원하는가?

BBC를 비롯한 방송사들은 시청자 또는 청취자 조사를 통해 콘텐츠를 소비하는 사람들의 연령대와 배경을 파악하여 특정 집단을 위한 콘텐츠를 제작합니다. 개인적 차원에서도 그런 파악을 통해 설명의 효과를 극대화할 수 있습니다.

2013년부터 2018년까지 BBC 뉴스 디렉터였던 제임스 하딩은 진취적인 사고방식과 강한 추진력으로 유명했습니다. 한 동료의 표현을 빌리자면 제임스는 'BBC가 따라잡지 못할 만큼 앞만 보고 달려가는 사람'이었습니다.

수천 명이 일하는 BBC 뉴스에서 뉴스 디렉터와의 단독 면담은 매우 드뭅니다. 하지만 2014년, 저는 뉴스 진행 방식 변경과 새로운 유형의 프로그램에 대한 아이디어를 논의하기 위해 제임스에게 면담을 요청했습니다.

곧 일정이 잡혔고, 주어진 시간은 15분이었습니다. 저는 두 개의 짧은 프레젠테이션을 준비했습니다. 평소 회의 때 제임스가 요점을 빠르게 파악하고 집중력을 쉽게 잃는 점을 고려하여 연습하면서 불필요한 세부 사항을 모두 잘라냈습니다.

면담이 시작될 무렵 두 프레젠테이션을 각각 45초와 90초 분량으로 압축했습니다. 말하는 동안 제임스의 열성적인 반응을 느낄 수 있었고, 결과는 긍정적이었습니다. 그는 제 진행 방식 변경에 동의했고 새 아이디어에 대한 지원을 약속했습니다. 저는 이 경험을 통해 무엇을 설명할 때 상대방에 따라 얼마나 어떻게 전달할지 고려해야 한다는 것을 실감했습니다.

조직이든 개인이든 대상이 정보를 소비하는 방식을 파악하여 설명 방식을 조정하면 대상의 몰입도와 이해도를 높일 수 있습니다.

개인화:
'날 위한 이야기'라
느끼게 하려면?

정보의 홍수 속에서 누군가의 관심을 끌기란 쉽지 않습니다. 사람들은 자신과 관련 있고 자신에게 의미 있는 정보라고 느낄 때 훨씬 더 집중합니다. 따라서 사람들의 관심을 끄는 가장 효과적인 방법은 내가 말하려는 바가 그들을 위한 것임을 분명히 하는 것입니다.

청중의 규모가 클수록 개인적으로 소통하는 느낌을 주기 어렵습니다. 이런 경우 저는 BBC 월드 서비스에서 배운 전화 연결 인터뷰 기법을 활용합니다.

저는 매일 한 가지 이슈나 화두에 관해 청취자의 의견을 듣곤 했습니다. 하지만 세계 곳곳에 흩어져 있는 청중을 대상으로 할 때 '여러분의 생각을 들려주세요'와 같은 개방형 질문은 참여도가 그리 높지 않았습니다.

참여도를 높이기 위해 질문의 대상을 좁히기 시작했습니

다. 예를 들어 우간다와 케냐에 관한 이슈를 다룰 때 단순히 "누구의 잘못이라고 생각하십니까?"라고 묻기 전에 '우간다와 케냐에서 듣고 계신다면'이라고 덧붙이면, 더 강한 호응을 끌어낼 수 있었습니다. 기후 변화와 같은 글로벌 이슈를 다룰 때도 마찬가지였습니다. 광범위한 질문 대신 "미국에서 듣고 계신다면 정부에 바라는 점이 무엇인가요?" 또는 "호주에 계신다면 기온 상승으로 어떤 영향을 받고 계신가요?"라고 물었습니다. 이렇게 특정 대상을 향해 질문하면 참여도가 더 높아졌습니다.

청중에 따라 메시지를 조정하는 것은 다양한 상황에 적용할 수 있는 기술입니다. 종종 콘퍼런스나 특정 뉴스 기관에서 강연 요청을 받으면 저는 먼저 어떤 사람들이 강연에 참석할지 파악한 뒤 그들에게 직접 이런 식으로 말합니다. "팟캐스트를 만드는 여러분은…" 또는 "긴 영상을 제작하는 여러분은…". 만약 역사를 전공하는 대학생들이 대상이라면 "여러분은 모두 역사학도이지요? 다음 내용은 문헌 자료를 찾는 법과 직결됩니다"라고 말해도 좋겠습니다.

로큰롤 버전으로 예를 들겠습니다. 웸블리 스타디움에서 공연하는 밴드의 리드 보컬이 관중을 향해 "맨체스터에서 오신 분? 리버풀에서 오신 분?"이라고 외치면 관중석 곳곳이 차례로 환호하죠. 아니면 가수가 "안녕, 웸블리!"라고 외치기도 합니다. '나는 여러분이 이곳에 있음을 알고, 바로 여러분에게 말하고 있다'라는 소통의 신호를 보내기 위해서죠.

만약 사람들이 '이건 나에게 하는 말이 아니야'라고 생각하게 내버려두면 사람들은 그 결론에 안주할 수 있습니다. 그래서 저는 소통할 때 참여도가 가장 낮을 만한 사람들을 고려합니다.

직접적인 예를 들겠습니다. 저는 제 아이들이 다니는 초등학교에 이따금 방문해 '뉴스 어셈블리'를 진행하곤 했습니다. 강당에 모인 학생들이 뉴스에 관해 궁금한 점들을 질문하곤 하죠. 정말 재밌으면서도 제가 뉴스를 얼마나 잘 설명하는지 시험해볼 기회이기도 합니다.

매번 아이들은 예상치 못한 질문으로 저를 당황하게 했습니다. 아이들의 나이는 7살부터 11살까지였는데, 보통 고학년일수록 자신감 있게 질문하고, 더 어린 친구들은 우물쭈물하는 모습을 보였습니다. 그래서 저는 다음 어셈블리에서 일부러 저학년의 눈높이에 맞춰 답변해보았습니다. 그러자 저학년의 참여도가 더 높아졌고, 고학년 역시 높은 참여도를 유지했습니다.

이렇듯 청중의 눈높이에 맞춘 커뮤니케이션은 참여도와 호응도를 끌어올립니다.

신뢰:
어떻게 신뢰감을 전할까?

스탠드업 코미디는 신뢰감을 주기가 특히 어려운 분야입니다. 유명 코미디언이라면 관객이 이미 웃을 준비가 되어 있기에 더 쉽습니다. 하지만 내가 누구인지 청중이 전혀 모른다면 무대 위에서 신뢰를 얻어야 합니다. 농담이 먹히고 웃음이 터질 때마다 신뢰가 쌓입니다. 무명 코미디언이 무대에 올라설 때 관객들 사이에 감돌던 어색한 긴장감은 그가 신뢰를 얻으면서 사라집니다.

신뢰감을 주는 것은 특히 자신에게 익숙지 않은 청중을 상대할 때 더 중요합니다. 새로 부임한 교사, 감독, 부서장, 물리치료사, 칼럼니스트, 신제품 마케팅 담당자 등은 자신에게 낯선 청중의 신뢰부터 얻어야 성공의 기회가 열립니다.

이러한 신뢰의 기반이 무엇인지 파악하고 적절한 언어로 전달하면 청중이 귀를 기울일 가능성이 커집니다.

저는 그 사실을 50:50 프로젝트의 성공을 통해 실감했습니다. 성공의 열쇠는 설득 대상인 기자와 프로듀서들에게 우리 또한 기자와 프로듀서라는 점을 분명히 한 것입니다. 즉, 누군가가 '우리에겐 어렵다'라고 말하면 우리도 그런 어려움을 겪었기에 이해한다고 말할 수 있는 위치였습니다.

청중의 신뢰를 미리 확보할 수 없는 상황이라면 신뢰를 쌓을 방법을 고려해야 합니다. 제가 해설 영상을 처음 기획할 때 바로 이 점이 문제였습니다. 지금은 제가 생각했던 것보다 큰 성공을 거두었지만 2019년만 해도 종이 서너 장에 스케치한 아이디어에 불과했습니다. 그 아이디어를 실행에 옮기는 것은 시청자들과 제 동료들에게 얼마나 신뢰감을 줄 수 있느냐에 달려 있었습니다. 다음은 제가 동료들에게 썼던 초기 이메일의 일부입니다.

사람들이 원하는 것은 알찬 정보, 명료한 설명, 상황에 대한 예리한 분석, 그리고 진실을 과감히 밝히는 것입니다. 저는 우리가 이를 진정성 있고, 권위 있고, 효율적인 방식으로 할 수 있다고 생각합니다.

마지막에는 이렇게 주장했습니다. "그러면 뉴스 보도의 공정성을 유지할 수 없지 않냐고요? 우리는 할 수 있습니다."

제가 제안한 바는 BBC의 전통적인 뉴스 프로그램과 달리 진행자가 보도와 분석을 모두 진행하는 방식이었습니다. 단호한 공정성을 자부함으로써 잘못할 경우, 제 평판이 위태로워질 수 있었고, 시청자들이나 제 동료들이 좋아하리라는 보장도 없었습니다.

그렇게 2년 후, 우리의 해설 영상은 수백만 조회수를 기록했고, 《선데이 타임스》는 이를 '새로운 장르의 보도'라고 평가했습니다. 이는 제가 어떤 선견지명으로 밀어붙여서 이뤄진 일이 아닙니다. 2년 동안 BBC 동료들과 시청자들이라는 두 중요한 대상 청중에게 신뢰를 쌓고자 노력한 결과였습니다. 여기서 그 방법을 요약해보겠습니다.

① 신뢰성 평가

2019년에 저는 이미 BBC 뉴스의 중간급 진행자였습니다. 대형 터치스크린을 이용한 덕분에 좀 더 이름을 알렸죠. 해설 영상을 시작할 때의 난관은, 사람들이 BBC 뉴스 진행자에게 기대하는 바가 있는데 제가 뭔가 다른 것을 시도한다는 점이었습니다.

제가 하려는 일이 BBC가 자랑하는 공정성과 중립성을 훼손하지 않는다는 확신을 동료들과 시청자들에게 심어줘야 했습니다. 또한 제가 왜 이 역할에 적합한 사람인지 증명해야 했습니다. 그래서 저는 계획을 세웠습니다.

② 많은 동료와의 대화

직속 편집자, 부서장, 프로듀서, BBC 뉴스 웹사이트 동료 등 제게 도움을 줄 사람들을 찾아가 대화를 나눴습니다. 대화는 한 번에 그치지 않고 꾸준히 이어졌습니다. 저는 제 아이디어를 최대한 명확하게 설명하고 그들의 피드백을 들으며 아이디어를 가다듬었습니다. 이 과정에서 신뢰성을 쌓는 동시에 아이디어를 개선할 수 있었습니다.

③ 편집 프로세스 개발

저는 해설 영상의 각 대본이 주제별 전문가들의 검토를 거치게 했습니다. 조금이라도 미심쩍은 부분이 있다면 제작하지 않았습니다. 각 영상을 공개한 후에는 BBC의 고위 관리자, 편집자, 기자들에게 피드백을 받았습니다. 그 덕분에 조직 내에서 제가 하는 일에 대한 인식이 높아졌고, 무엇보다 제작물의 질이 향상되었습니다.

처음에는 제가 진행하는 뉴스 프로그램과 트위터에만 해설 영상을 사용했습니다. 그러다 다달이 관심을 보이는 BBC 채널이 늘어났고, 이제 해설 영상은 BBC 콘텐츠 전반에 두루 사용되고 있습니다. 매주 BBC의 많은 사람이 내리는 결정 덕분입니다. 이러한 성공의 바탕에는 저에 대한 신뢰, 제작진에 대한 신뢰, 제작물 자체에 대한 신뢰가 있었습니다.

④ 시청자들과의 소통

처음에는 놀랍다는 반응이 많았습니다. 저는 SNS나 이메일로 긍정적, 부정적 반응을 접할 때 우리의 취지를 설명하며 시청자들과 소통했습니다. 시간이 지나면서 처음의 놀라움은 제 역할에 대한 기대감으로 바뀌었습니다. 영상이 호평을 받을 때마다 시청자들은 저를 더욱 신뢰할 수 있는 해설자로 인식하게 되었습니다.

⑤ 각 설명에 신뢰성 더하기

지금까지 말씀드린 내용은 오랜 시간에 걸쳐 동료들과 시청자들의 신뢰를 얻는 작업이었습니다. 하지만 신뢰를 쌓을 시간이 제한되어 있다면 어떨까요? 우리는 종종 서로 모르는 사람들과 소통해야 합니다.

해설 영상의 경우 저는 설명 자체의 신빙성을 높이면서 그 문제를 해결했습니다. 영상을 처음 접하는 시청자도 곧장 믿음이 가도록 영상을 구성했습니다. 단호하게 주장할 때는 뒷받침하는 근거를 함께 제시하여 신뢰성을 더했습니다. 다음은 제 신뢰성 점검 목록입니다.

- 내가 신뢰할 수 있는 메신저인가?

  내가 어떻게 보이기를 원하며, 그렇게 보이는가?

· 누구에게 신뢰감을 주어야 하는가?

  대상 청중이 한 그룹인가 아니면 여러 그룹인가?

  각 그룹의 신뢰를 얻을 수 있는 장기적인 방법이 있는가?

  그렇지 않다면 빠르게 신뢰를 얻을 방법이 있는가?

· 내 경험과 지식으로 신뢰도를 높일 수 있는가?

  해당 주제에 대해 유창하고 정확하게 말할 수 있는가?

정치인이 유권자에게 지지를 호소하려면, 입사 지원자가 면접관에게 어필하려면, 기업이 시장에 신제품을 출시하려면 대상 청중의 의구심을 해소하여 신뢰도를 높여야 합니다.

신뢰성의 중요성을 잊지 마세요. 올바른 단어, 정보, 어조를 사용하면 청중의 신뢰도가 올라갑니다.

우리는 말하려는 내용뿐 아니라 말하고자 하는 대상도 고려해야 합니다. 5가지 질문을 다시 정리하겠습니다.

1. **대상**: 청자가 누구인가?
2. **지식수준 판단**: 무엇을 알고 싶어 하며, 얼마만큼 아는가?
3. **맞춤화**: 어떤 방식으로 정보를 전달받기 원하는가?
4. **개인화**: '날 위한 이야기'라 느끼게 하려면?
5. **신뢰**: 어떻게 신뢰감을 전할까?

이제 여러분은 통하는 말하기의 10가지 속성과 청중에 대해 고려해야 할 5가지 사항을 갖췄습니다. 앞으로 이 토대 위에 몇 가지 시스템을 구축할 것입니다. 이 시스템을 활용하면 훌륭하고 만족스럽게 설명할 수 있습니다. 다만 이론에서 실전으로 넘어가기 전에 여러분은 몇 가지 의문이 들 겁니다.

· 어떻게 필수 디테일, 복잡성, 맥락을 해치지 않으면서 단순함, 효율성, 정확성, 방해 요소 제거, 흥미 유지, 유용함, 명확한 목적을 살릴 수 있을까?

· 공정하고 유익하게 말하기 위해 필요한 모든 정보를 포함하면서 청중이 흥미를 잃지 않을 만큼 간결하게 설명할 수 있을까?

· 청자가 누구인지, 그들이 정보를 어떤 방식으로 받아들이고
싶어 하는지 충분히 고려하면서 그 모든 균형을 찾을 수 있을
까?

30년간의 제 경험에 비추어 귀띔하자면, 훌륭한 설명
은 수많은 작은 결정들이 맞물려 누적 효과를 발휘한 결
과였습니다.

누구나 중요한 보고서나 발표를 준비할 때 돌파구가
안 보여 답답할 때가 있습니다. 정보는 많은데 무엇을 포
함하고 무엇을 덜어내야 할지, 하고 싶은 말을 어떻게 전
개해야 할지 파악하기 어렵죠.

단계별 조정은 개별적으로는 번거롭게 느껴질 수 있
습니다. 영상 대본이나 보도 자료를 편집할 때 사소한 디
테일에 집착하는 이유에 대해 의문을 제기하는 사람들이
있지만, 늘 이러한 디테일이 모여 개별의 합보다 더 큰
영향력을 만들어냅니다.

회의, 면접, 발표, 세일즈 스피치, 논문 작성, 시험, 연
설, 강의 등 중요한 순간을 준비할 때 이 상세하고 철저
한 접근법을 추천합니다. 저는 이를 '7단계 설명 법칙'이라
고 부르며, 다음 장에서 자세히 안내하겠습니다.

3장

핵심을 확실하게 전하는 7단계 말하기 공식 (기본편)

이제부터 핵심을 잘 전달하는 7단계 설명 공식을 알아보겠습니다. 각 단계는 다음과 같습니다.

1단계: 구상하기

2단계: 정보 수집하기

3단계: 정보 추출하기

4단계: 정보 정리하기

5단계: 정보 연결하기

6단계: 긴축하기

7단계: 전달하기

　단계별로 무엇을 해야 하는지, 왜 그렇게 해야 하는지 하나씩 짚어보겠습니다. 원리를 이해하면 이 공식을 더 유용하게 활용할 수 있을 겁니다.

　참고로 일상적인 말하기의 경우에는 7단계를 모두 거치지 않고도 더 간단하고 실용적으로 준비할 수도 있습니다. 그럼 지금부터 하나씩 단계별로 살펴보겠습니다.

1단계:
구상하기

가까운 미래에 무언가를 설명해야 한다고 가정해봅시다. 논문, 보고서, 발표, 강연, 업무 브리핑 등 계획된 시나리오에 따라 자세히 말하거나 글을 써야 하는 상황입니다. 가장 먼저 할 일은 다음 질문들에 답하는 것입니다.

- 누구를 위한 설명인가?
- 그들 사이에 일관된 지식이 있는가?
- 이 주제에 대한 청중의 지식수준은 어떤가?
- 청중이 나에게서 얻고자 하는 내용을 어떻게 요약하겠는가?
- 이 설명을 통해 특히 어떤 질문에 답해야 하는가?
- 청중이 어떤 방식으로 정보를 전달받기 원할까?
- 더 자세히 알아볼 방법이 있는가?
- 이 설명을 어디에서 하는가?
- 정해진 시간이 있는가?

· 시간을 엄수해야 하는가?

예를 한 번 들어보겠습니다.

> 예시

· 누구를 위한 설명인가?

　언론을 전공하는 약 30명의 대학생.

· 그들 사이에 일관된 지식이 있는가?

　그렇다.

· 이 주제에 대한 청중의 지식수준은 어떤가?

　언론과 미디어에 관심이 많지만 아직 실무와 원칙에 대한 지식
　은 미비하다. 뉴스 애청자들이므로 일반적인 시사 상식은 갖추
　고 있을 것이다.

· 청중이 나에게서 얻고자 하는 내용을 어떻게 요약하겠는가?

　뉴스 제작과 미디어 업계 실무에 대한 통찰력을 얻고자 한다.

· 이 설명을 통해 특히 어떤 질문에 답해야 하는가?

　방송 기자가 된 계기, 해설 영상을 만드는 과정, 뉴스에 사견을
　드러내지 않는 법

· 청중이 어떤 방식으로 정보를 전달받기 원할까?

단순히 재미보다는 폭넓은 배움을 원할 것이다. 배울 점을 최대한 많이 제공하며 실용적인 내용으로 구성하자. 핵심 교훈을 쉽게 파악할 수 있도록 명확하게 강조하자.

· 더 자세히 알아볼 방법이 있는가?

강연 기획자에게 이메일을 보내 학생들이 어떤 학사 과정을 밟는지, 전공 필수 과목이 뭔지, 특별히 어떤 분야에 관심이 많은지 물어보기.

· 이 설명을 어디에서 하는가?

대학교 강의실에서 대면 강연.

· 정해진 시간이 있는가?

45분.

· 시간을 엄수해야 하는가?

총 시간은 그렇지만 강연과 질의응답 사이의 시간 분배는 자유롭다.

구상하기의 목적은 앞으로 달성하고자 하는 목표를 설정하는 것입니다. 좋은 설명은 감으로 이뤄지지 않으며, 특정 상황과 목표에 맞게 적절히 조정해야 합니다. '구상하기' 단계의 질문들을 통하면 전체 그림을 명확하게 파악할 수 있습니다. 그다음이 바로 정보를 수집할 차례입니다.

1단계 확인해보기

설명을 구상하는 단계에서 필요한
일련의 질문에 만족스럽게 답했는가?

2단계:
정보 수집하기

어떤 주제에 대한 설명이나 말하고자 하는 내용을 구성하는 작업은 부담스럽기 마련입니다. 저는 직업상 거의 매일 하는 일이긴 하지만 여전히 처음 시작할 때는 막막하게 느껴집니다.

'어디서부터 시작해야 할까?' '내가 이 낯선 분야를 유창하고 이해하기 쉽게 설명할 수 있을까?' '이건 설명하기 너무 어렵지 않을까?' '모든 내용을 다룰 시간이 있을까?' 마치 산기슭에서 까마득한 정상을 올려다보는 심정입니다. 대학 시절 매주 리포트를 준비할 때는 물론이고, 지금도 해설 영상이나 강연, 중요한 회의를 앞두고 그런 기분에 사로잡힙니다.

우선은 심호흡을 하고 가볍게 출발합니다. 주제에 대해 간결하고 조리 있게 말하는 문제는 뒤로 미뤄두고, 주제와 관련 있어 보이는 정보를 수집하는 것입니다. 이 단계에서 관련이 있는지 없는지 확신할 수 없는 것은 지극히 정상입니다.

참고로 우리는 낯선 주제보다 익숙한 주제를 설명해야 할 때가 더 많습니다. 예를 들어 개발자가 자신이 개발한 제품을 소개해야 한다면 관련 정보를 이미 잘 갖추고 있겠죠. 하지만 낯선 분야를 설명한다고 가정하고 진행하겠습니다. 여기서 우리의 임무는 정보를 선별하는 것이 아니라 관련 있어 보이는 모든 정보를 모으는 것입니다.

주제의 범위와 시간이 허락하는 대로 최대한 많이 수집하세요. 언제든지 덜어내면 되니까요. 먼저 다음 질문에 답해봅시다.

· 어디서 어떻게 정보를 찾아야 하는가?
정보를 찾기 전에 주제와 목적을 중심으로 대략적인 방향을 잡으세요.

· 주제의 어떤 부분을 설명하고 싶은가?
요점을 정리하세요. 관련 없을지도 모르는 영역이 포함되어도, 관련 있는 영역을 놓쳐도 괜찮습니다. 출발하고 싶은 영역을 적으면 됩니다.

정보를 수집할 방향을 잡았다면 이제 정보 사냥에 나설 차례입니다.

출처의 중요성

말하고자 하는 바를 뒷받침할 사실적 토대를 마련하기 위해서는 '직접 출처'와 '신뢰할 수 있는 출처'에 모두 의존해야 합니다.

직접 출처는 정보에 대해 가장 잘 아는 전문 기관을 의미합니다. 기상청이나 병원, 기업이 제공하는 자료를 예로 들 수 있겠죠. 이러한 직접 출처는 정보의 정확성을 보장합니다.

신뢰할 수 있는 출처란, 정보의 원천은 아니지만 신뢰할 만한 매체입니다. 예를 들어 최근 정부 발표가 여러분의 비즈니스에 미치는 영향을 설명할 경우, 신뢰도 높은 산업 기구나 미디어 기관에서 제공하는 정보를 이용할 수 있습니다. 이러한 출처도 정확한 정보를 제공할 가능성이 큽니다.

정보는 꼭 출처와 함께 수집합니다. 나중에 사실 확인을 하거나 그 출처를 표시하기 위해서입니다. 예를 들어 프레젠테이션 슬라이드에서 통계를 사용할 때 반드시 출처를 명시해야 합니다. 논문을 쓸 때도 인용문의 출처를 밝혀야 합니다. 특히 인용문의 경우 원본의 맥락을 다시 한번 확인해야 할 때가 있습니다. 이때 출처의 링크가 있으면 쉽게 확인할 수 있습니다.

BBC 월드 서비스에는 '두 가지 출처 규칙'이 있는데, 신뢰할 수 있는 두 가지 출처를 통해 사실 확인을 더 확실하게 하라는 취지입니다. 해당 출처가 일관되게 정확한 정보를 제공했다면 신뢰할 수 있는 정보일 가능성이 큽니다. 항상 정보의 출처를 기록해 두세요.

이렇게 사실적 토대를 마련했다면, 다음으로는 말하려는 내용에 깊이와 관점을 더해야 합니다. 이를 위해서는 잘 알려지지 않거나 특정 입장에 치우친 출처의 정보를 이용해야 할 수도 있습니다. 그렇다고 해서 정보의 가치가 없다는 뜻은 아니니 주의를 기울여야 합니다. 항상 다음 사항을 확인하세요.

- 다른 이들이 해당 출처에 대해 우려를 제기한 적 있는가?
- 이 정보를 이용하기 전에 고려해야 할 논점이나 관점이 있는가?
- 정보를 제공하는 조직 또는 플랫폼이 믿을 만한가?
- 그들은 어디서 정보를 얻는가?
- 믿을 만한 사람들이 이 정보를 이용하는가?
- 이 출처에서 제공하는 정보를 다른 출처에서도 제공하는가?

이 모든 질문에 답하면 정보에 뒤따르는 위험을 없앨 수 있습니다. 그리고 제가 직장과 일상에서 늘 사용하는 세 가지 질문이 더 있습니다.

질문 1 "출처가 어디야?"

우리 집의 단골 질문입니다. 특히 딸아이들이 학교에서 무슨 일이 일어날 거라고 주장할 때 아내와 제가 묻는 말이죠. "어디서 들었어?" 하면 늘 친구에게 들었다고 합니다. "그 친구는 어디서 들었대?" 하면 아무도 대답을 못 합니다. 이 질문은 정보의 질을 빠르게 가늠하는 방법입니다. 출처를 찾을 수 없는 정보는 반드시 의심해야 하고, 출처를 찾으면 신뢰도를 평가해야 합니다. 뉴스 출처와 마찬가지로 어떤 정보가 누구에게서 나왔는지를 알면 신뢰할 만한 정보인지 판가름할 수 있습니다. 일상에서도 이를 의식적으로 평가하면 거짓 정보에 의존하는 위험을 줄일 수 있습니다.

가짜 뉴스와 뜬소문이 만연한 이 시대에는 출처가 어디인지 묻는 습관이 필요합니다. 어떤 설명을 위해 정보를 수집할 때 항상 이 질문을 던지세요. 출처를 밝히지 않고 사실이라고 주장하는 정보원이 있다면 우선 의심하세요. 사실일 수도 있지만 늘 확실히 하는 편이 좋습니다.

질문 2 **"정말?"**

의외로 유용한 한마디입니다. 신뢰할 수 있는 출처에서 얻은 정보라도 의심스러운 구석이 있다면 두 가지 이유로 간과해선 안 됩니다. 하나는 잘못된 정보일 수 있고, 또 하나는 청중도 의심스러워할 수 있기 때문입니다. 그래서 정보를 공유할 때 "믿기 어렵겠지만 사실입니다"라고 덧붙이고 싶을 수 있습니다.

특히 낯선 주제에 대해서는 "정말?"이라는 마음의 소리를 무시하기 쉽습니다. 저는 항상 그 마음의 소리에 답하려고 노력합니다. 직감을 신뢰하는 것은 나쁜 정보를 잡아내는 아주 좋은 방법입니다.

질문 3 "또 누가 알까?"

위의 두 가지 질문에 답했는데도 정보가 확실하지 않다면 도움을 청할 차례입니다. 정보의 정확성을 확인해줄 사람이 있는지 생각해보세요. 이는 무엇을 설명하느냐에 따라 달라집니다. 논문이라면 담당 교수가, 업계의 어느 측면이라면 동종 업계 사람이 도움을 줄 수 있습니다. 완벽한 조언자를 찾을 수 있다는 보장은 없지만, 여러분이 고민하는 그 정보에 익숙한 사람이 있을 겁니다.

이러한 질문들을 염두에 두고 폭넓게 살펴보면서 관련성이 있다고 생각되는 정보를 모두 정리해두세요. 혹 온라인에서 복사하여 붙여넣는 경우 출처와 작성자, 링크도 포함하세요.

의문점 목록

정보를 수집할 때는 정보의 신뢰성뿐 아니라 해당 주제에 대해 사람들이 가질 수 있는 의문점도 고려해야 합니다.

의문점 1 사람들이 이해하지 못할 것 같은 부분이 있는가?

사람들은 설명을 듣다가 복잡하거나 언뜻 논리적이지 않아

보이는 부분에서 길을 잃곤 합니다.

'구상하기' 단계의 질문 목록을 출발점으로 삼되, 정보를 수집하면서 의문점을 계속 추가하세요. 사람들이 주제에 대해 일반적으로 가질 만한 의문과 설명이 아리송하거나 모순적으로 보이는 지점을 예민하게 포착하세요.

저는 준비 막바지에 의문점 목록을 일일이 검토하여 충분히 답했는지 확인합니다. 답이 많을수록 청중의 관심과 신뢰가 보장됩니다.

의문점 2　내가 이해하지 못하는 부분이 있는가?

이해하지 못한 것을 이해한 척하면 나중에 문제가 되곤 합니다. 이해는 좋은 설명을 위한 필수 조건이며, 대충 넘어가려고 해서는 안 됩니다. 해설 영상을 제작할 때 제 동료 메리 풀러는 이해가 잘 안 가는 부분을 발견하면 "20분만 주세요"라고 말하고 그 부분을 집중적으로 파고듭니다. 대체로 영상의 길이를 늘이지 않으면서 더 나은 결과를 냅니다. 이미 한창 설명하는 과정에서 이런 일이 발생하기도 하지만 저는 미리 예방하는 편입니다. 이해 부족을 적극적으로 경계합니다.

낯선 주제든 익숙한 주제든 이 의문점 목록으로 설명의 질을 높일 수 있습니다. 저는 정보 수집하기와 동시에 이 목록을 작성합니다. 주제를 탐구하면서 헷갈리는 점을 적어 둡니다. 바로 답을 찾아서 정보에 반영할 때도 있고, 이미 올바른 정보를

가지고 있으나 완벽히 이해가 안 갈 때도 있습니다. 이 단계에서
는 정보를 수집하고 헷갈리는 부분을 메모하는 데 집중하세요.
혼란은 차차 해소되기 마련입니다.

우리는 만반의 준비를 해야 합니다. 필요한 정보를 모두 확
보했는지 확실하지 않다면 돌아가서 더 많은 정보를 찾으세요.
나중에 더하는 것보다 나중에 버리는 것이 더 낫습니다. 정보를
찾기 어렵다면, 도움을 줄 수 있는 사람에게 요청하세요. 정중
히 요청하면 사람들은 보통 자신의 전문 지식을 기꺼이 공유합
니다.

이렇게 정보 수집하기로 명확한 개요와 원자료를 확보했습
니다. 정보가 너무 많고 번잡해보여도 다음 단계에서 곧 처리할
테니 걱정하지 마세요.

2단계 확인해보기

- 설명하려는 내용과 대상 청중 요약
- 청중이 답을 원하리라고 생각되는 질문
- 이해 못 했거나 더 잘 이해하고 싶은 내용
- 집중적으로 다뤄야 할 영역
- 주제와 관련한 방대한 정보

3단계:
정보 추출하기

저는 잉글랜드 남서부 콘월 출신입니다. 18~19세기에 콘월은 광업으로 번성했고, 한동안 전 세계 주석의 대부분을 생산했죠. 광산들은 문을 닫은 지 오래지만, 관광 차원에서 몇몇 폐광산을 방문할 수 있습니다.

　　광석을 가공하던 구역을 '밀The Mill'이라고 합니다. 땅에서 채굴된 거대한 광석 덩어리가 이곳에서 제련을 거쳐 주석이 됩니다. 첫 단계는 큰 원통 안에서 강철 공이 회전하면서 광석을 작은 조각으로 쪼개는 것입니다. 이 '볼밀Ball Mill' 단계를 거치지 않으면 다음 단계도 없죠.

　　우리가 수집한 정보도 광석을 제련할 때와 비슷한 과정을 거쳐야 합니다. 특히 설명해야 할 정보가 많을 때는 먼저 정보를 훑어 불필요한 요소를 제거하고 필요한 요소만 남겨야 합니다.

첫 번째 훑기

- 목적을 상기하세요

  항상 목적을 염두에 둬야 합니다. 여기서 우리의 목적은 정보의 흥미성이 아니라 관련성과 필요성을 판단하는 것입니다.

- 정보를 평가하세요

  너무 깊이 고민할 필요는 없습니다. 가장 위에 있는 정보부터 시작하세요.

- 읽으면서 자문하세요

  "이 내용이 관련 있는가?" 작성한 것을 한 줄씩, 한 단락씩 읽으면서 이렇게 계속 질문을 던져보세요. 답이 '그렇다' 또는 '아마도'라면 그대로 두고, 답이 '아니다'라면 문서의 끝이나 새 문서로 보냅니다.

- 그대로 두기로 한 영역에 각각 자문하세요

  "여기서 핵심은 무엇인가?" 자문하세요. 핵심만 남기고 나머지 문장 성분은 모두 제거하세요. 인용문이나 꼭 문장째로 두고 싶은 구절이 아니라면 군더더기는 남겨둘 필요 없습니다. 지금 불필요한 문장 성분을 지우면 나중에 다시 지우는 수고를 덜 수 있습니다. 필요할지도 모른다면 일단 남겨두세요.

예시

다음은 BBC 온라인 무료 교육 웹사이트 바이트사이즈Bitesize
에서 발췌한 솜 전투Battle of the Somme에 대한 정보입니다.

1916년 7월 1일에 시작된 이 전투에서 영국군은 1만 9200명
이 사망하고 약 6만명이 부상 또는 실종되는 등 사상 최대 규
모의 사상자를 냈다. 사상자 대부분은 무인지대의 첫 100미터
이내에서 발생했다.

저는 이렇게 남기고 싶습니다.

1916년 7월 1일
사상 최대 영국군 사상자
1만 9200명 사망
약 6만명 부상 또는 실종
대부분 첫 100미터 이내에서 쓰러짐

　　이렇게 한 번 내용을 훑고 나면 사실, 문구, 주장, 인용문,
통계, 그래픽, 이론 등의 긴 목록이 갖춰질 것입니다. 설명할 가
치가 있다고 생각되는 것들을 가장 간단한 형태로 정리한 것이
죠. 그렇게 정보를 제련해나가다 보면 서서히 윤곽이 잡히는 느
낌이 듭니다. 주제와 말하고자 하는 내용이 더 친숙하게 느껴지

고 정보가 연결되는 방식에 패턴이 보이기 시작합니다. 그리고 정보 더미의 크기를 절반 이상, 어쩌면 훨씬 더 줄일 수 있을 겁니다.

두 번째 훑기

이제 처음으로 돌아가 다시 훑어 내립니다. 이미 많은 정보를 버렸고, 남은 정보도 대부분 축소되었기에 첫 번째 훑기보다 훨씬 더 빠릅니다. 두 번째 훑기에서는 무엇을 남기고 무엇을 버릴지 더 잘 판단할 수 있습니다. 더 이상 목적에 부합하지 않는다고 판단되면 버리세요. 전체적인 목표에 도움이 되지 않는 요소는 과감히 삭제하세요.

관련성을 판단하는 법

특정 요소가 관련이 있는지 없는지 확신할 수 없을 때 다음 질문에 답하면 더 나은 판단을 내릴 수 있습니다.

- 이 특정 요소가 '목적'을 달성하는 데 도움이 되는가?

  가령 입사 지원서를 작성하는 경우, 그 특정 요소가 자신이 해

당 직무에 걸맞은 기술과 경험, 통찰력을 갖추었다고 어필하는
데 도움이 될까요? 또는 부서의 변화를 주장하는 경우, 해당 정
보가 주장을 더 설득력 있게 뒷받침하는 데 도움이 될까요?

　포함하는 모든 정보가 제 역할을 해야 합니다. 안 그러면 방
해가 된다는 걸 기억하세요. 잘 모르겠다면 도움을 요청하세요.
영국의 브렉시트 결정 이후 우리는 EU 탈퇴의 영향을 다룬 해
설 영상을 많이 만들었습니다. 매번 올바른 정보를 포함했는지
확인하느라 애를 먹었던 저는 당시 브뤼셀의 외신 특파원 동료
케빈 코널리에게 종종 '부탁'이라는 제목으로 이메일을 보냈습
니다. '또 나예요. 유럽 위원회의 이 발언을 포함해야 하는지 잘
모르겠어요….' 케빈의 조언 덕분에 저는 고민되는 정보가 빠지
면 설명이 불균형하거나 맥락이 부족해지는 것은 아닌지 판단
할 수 있었습니다.

　조언을 얻지 못하거나 여전히 판단하기 어렵다면 일단 그
대로 두세요. 도움이 안 된다고 확신하는 정보부터 순차적으로
삭제하세요. 요점과 관련 없는 정보는 버리는 게 상식일 것 같
지만 실제로 우리는 그리 중요하지 않은 내용에 말과 시간을 쏟
곤 합니다. 아마 면접, 회의, 대화 중에 궤도를 벗어나 방황하는
기분을 한 번쯤은 겪은 적 있을 겁니다. 또한 청자의 입장에서
"이게 나랑 무슨 상관이야?" 하는 생각이 든 적도 있을 겁니다.
내용이 나쁘거나 불쾌해서가 아니라 그저 무의미하게 느껴져

서죠.

흥미롭기만 한 정보와 중요한 정보를 잘 구분할수록 전달 방식과 소통 과정이 더 명확해집니다. 저는 정상 회담이나 중요한 선거를 취재하러 갈 때 종종 비행기 안에서 이 작업을 합니다. 페이지가 몇십 쪽이나 되는 문서를 열고 바로 작업에 들어가죠. 두 번 정도만 훑어보면 페이지 수가 현저히 줄어듭니다. 정상에 오르기까지는 아직 멀었지만 자신감이 붙기 시작합니다.

3단계 **정보 추출하기**까지 마치면 우리는 네 가지 면에서 유리한 고지에 서게 됩니다. 첫째, 말하고자 하는 내용을 잘 알게 되며, 둘째, 누구에게 설명해야 하는지 잘 알게 되며, 셋째, 관련 있을 만한 정보를 모두 확보하게 되며, 마지막으로 우리에게 유용하면서 청중에게는 유익하게끔 정보를 추출하게 되는 것입니다.

하지만 구슬이 서 말이라도 꿰어야 보배라고 하죠? 좋은 설명은 단순히 정보를 열거하는 것이 아니라 그 정보들을 의미 있게 연결하여 제공하는 것입니다. 다음에 이어질 4단계의 과제입니다.

3단계 확인해보기

· 필요한 정보에 부족한 부분이 있는가?
(있다면 2단계 '정보 수집'과 3단계 '정보 추출'을 반복한다.)
· 의문점 목록에 추가할 내용이 있는가?
· 수집한 모든 정보가 가장 간단한 형태로 정리되었는가?

4단계:
정보 정리하기

이제 주제가 좀 더 명확히 보일 것입니다. 추출한 정보를 체계적으로 정리할 차례란 이야기죠. 4단계에서는 갈래들을 파악해야합니다. 여기서 '갈래'란 주제의 다양한 측면에 따라 분류된 정보의 계통이라고 할 수 있습니다. 어떤 갈래는 분명할 테고 어떤 갈래는 불분명하되 포함할 가치가 있을 수 있습니다. 이 단계에서는 일단 떠오르는 대로 포함해보세요.

주제의 주요 갈래 목록 만들기

정해진 갈래의 수는 없습니다. 떠오르는 대로 목록을 작성하고 각 갈래에 제목을 붙이세요. 갈래의 순서는 중요하지 않으며 작업이 진행되면서 얼마든지 목록이 바뀔 수도 있습니다.

얼마 전에 저는 중요한 병원 진료를 앞두고 있었습니다.

6개월간의 검사 끝에 결과를 듣는 자리였습니다. 긴장되는 자리인 만큼 제가 말해야 할 내용을 미리 잘 정리해 갔죠. 마음이 조급하면 두서없이 말하다가 정작 중요한 내용을 놓치게 되는 경우가 왕왕 있으니까요. 궁금한 점을 증상, 약물치료, 향후 가불가 활동의 세 갈래로 정리했습니다. 세 가지면 충분했습니다. 덕분에 저는 병원에서 제한된 시간 동안 의사와 효과적으로 소통할 수 있었습니다(다행히 결과도 긍정적이어서 한시름 놓았습니다).

설명하려는 내용이 길든 짧든 저는 제가 가진 정보를 항상 갈래별로 나눕니다. 직장에서 10분짜리 발표를 할 때는 다섯 갈래로 나눌 수 있고, 30분짜리 강연을 하거나 긴 글을 쓸 때는 열 갈래까지 나눌 수 있습니다. 내용의 규모와 관계없이 갈래를 나누면 정보가 체계를 갖추게 됩니다.

중심 갈래 + 두 갈래

갈래별 목록을 만들었다면 여기에 두 갈래를 추가합시다. 하나는 시작과 끝에서 활용할 만한 강력한 정보들이고, 다른 하나는 어떻게 활용해야 할지 모르겠는 애매한 정보들입니다. 문서에는 다음과 같이 표시할 수 있습니다.

- 갈래 A
- 갈래 B

- 갈래 C
- 갈래 D
- 갈래 E
- 강력한 정보 갈래
- 애매한 정보 갈래

이제 추출한 정보를 각각의 갈래에 넣을 것인데, 그 전에 서사성을 고려할 필요가 있습니다.

어떤 스토리를 들려주고 싶은가?

그 목적이 무엇이든 스토리에는 사람들의 마음을 사로잡는 힘이 있습니다. 행동 및 데이터 과학자 프라기야 아가왈 교수는 《포브스》에 게재한 칼럼에서 스토리가 비즈니스에 얼마나 중요한지 설명했습니다. 그의 말을 요약하자면, 성공적인 브랜드는 자기만의 고유한 스토리로 고객들과 정서적 유대감을 형성합니다. 브랜드 스토리는 브랜드의 디자인과 철학, 감성에 일관성을 부여하며, 고객에게 흥미와 신뢰감을 불러일으킵니다.

스토리는 비즈니스뿐 아니라 다양한 유형의 커뮤니케이션에 유용한 도구입니다. 교육부터 미디어 콘텐츠 제작, 스포츠 구단 운영, 영업에 이르기까지 스토리를 활용하여 메시지를 효과적으로 전달하는 사례는 아주 많습니다. 스토리의 문을 열어 궁금증을 자극하면 청중이 끝까지 함께할 가능성이 커집니다.

　앞서 나토 사무총장과 전화 인터뷰를 앞두고 동료 조너선 마커스에게 도움을 구한 사례를 이야기했지요. 오랫동안 BBC의 외교 특파원으로 일한 그는 BBC 교육 과정에서 늘 완고하게 조언합니다.

　"글을 쓰기 전과 후에 '이 글을 다섯 단어로 요약해 전달할 수 있는지'를 생각하세요."

　저는 다섯 단어가 너무 빡빡하다고 느끼면서도 이 엄격한 조언의 취지에는 매우 공감합니다. 명확한 목적을 세우는 것도 중요하지만 그 목적을 분명하게 전달하는 것도 중요합니다. 청중을 어떤 여정으로 이끌고 싶은가요? 어디서 출발할 건가요? 청중에게 무엇을 약속할 건가요? 목적지에 어떤 경로로 도달할 건가요?

　서사가 중요하다는 것은 누구나 알지만 서사가 설명과 소통에 얼마나 핵심적인 역할을 하는지 잘 모르는 사람이 많습니다. 아무리 가치 있는 정보라도 스토리만큼 사람들의 흥미를 끌긴 어렵죠. '그래서 어떻게 되는데?' 하는 궁금증을 유발해야 합니다. 열쇠는 서사성입니다. 잘 짜인 서사를 통해 적절하고 유용한 정보를 풍부하게 전달하는 것이 핵심입니다.

처음 해설 영상을 제작할 때 우리는 각 갈래의 도입 화면에 헤더를 넣었습니다. 예를 들어 북아일랜드와 브렉시트에 관한 영상이라면 이어질 내용에 'EU와의 무역' '벨파스트 협정' '북아일랜드의 정당 정치'와 같이 제목을 띄우는 것이죠.

우리는 이 방식이 시청자의 이해에 도움이 된다고 생각했지만, 오히려 거슬린다는 피드백을 받기 시작했습니다. 급기야 한 임원은 헤더를 없애자고 제안했습니다. 그의 말대로 헤더는 스토리의 흐름을 방해하고 영상의 몰입도를 떨어뜨리고 있었습니다.

그래서 우리는 헤더를 없애고 스토리를 더 매끄럽게 전달하는 데 집중했습니다. 결과는 성공적이었습니다. "7분이 순식간에 지나갔다"라는 평을 받기도 했습니다. 시청자에게 '그래서 어떻게 되는데?' 하고 궁금증을 일으키는 서사가 제대로 작동했기 때문입니다.

저는 전하고 싶은 '이야기'를 중심으로 정보를 구성합니다. 그렇다고 관련성, 정확성, 효율성, 구조 등 앞서 논의한 다른 원칙이 훼손되는 것은 아닙니다. 단지 핵심 메시지를 뒷받침할 서사를 최적화하는 것입니다.

그렇기에 4단계 '정보 정리하기'에서 여러분이 어떤 스토리를 들려주고 싶은지 고려해야 합니다. 다음은 제가 사용하는 몇 가지 방식입니다.

· 지금 친구가 전화로 '무슨 작업해?'라고 물으면 어떻게 대답하겠는가? 정보를 어떻게 구성할지 고민이 된다면 일상 이야기를 자연스럽게 나누듯이 친구에게 이야기한다고 상상해보세요.

· 다양한 **출발점** 시험해보기
가령 다섯 가지 갈래로 나누었다면 각 갈래를 출발점으로 삼아 구두로 설명해보세요. 한두 가지 말고는 모두 출발점으로 적절하지 않다는 걸 깨달을 것입니다.

· 다양한 스토리 구조 고려하기
스토리텔링 방식은 다양합니다. 막막하다면 고전적인 방식을 고려해보세요.

① **시간순**: 시간의 흐름에 따라 주요 전개 과정을 몇 갈래로 구성합니다.

② **결과/시작/결과**: 시간순의 변형입니다. 먼저 결과를 간략하게 설명하고, 그 결과가 어떻게 이뤄졌는지 다시 시작으로 돌아가 결과를 향해 전개합니다.

③ **줌 아웃**: 중심 사건이나 사안에서 시작합니다. 한 단계씩 외연을 넓혀 이슈의 맥락과 세부 정보를 드러냅니다.

④ **모든 맥락**: 어떤 사건이나 사안을 밝힌 뒤 '하지만 이것을 이해하려면 X를 이해해야 합니다.' 하며 주제의 한 갈래를 설명한 뒤 다음 갈래로 이동합니다. '하지만 X를 이해하려면 Y도 고려해야 합니다.' 그렇게 조금씩, 설명하려는 내용을 중심으로 맥락을 구축합니다. '줌 아웃'이 매번 더 넓은 맥락으로 설명을 감싸는 방식이라면, '모든 맥락'은 맥락마다 같은 비중으로 주제별 접근법을 취합니다.

⑤ **인용구**: 누군가의 발언이나 소견을 중심으로 설명을 구성할 수 있습니다. 해당 구절로 설명을 시작한 뒤 각 갈래를 풀어냅니다. 그 구절을 판단의 기준으로 삼아 설명을 전개합니다.

⑥ **문제 해결**: 해결이 필요한 문제를 밝힌 뒤 그 문제를 어떻게 해결했는지 갈래별로 간략하게 설명합니다.

⑦ **차곡차곡**: '시간순'과 '문제 해결'과 함께 제가 가장 많이 사용하는 방법입니다. 청중 앞에서 설명을 조립하는 듯한 분위기를 만들면 청중의 흥미를 자극하고 다음 내용에 대한 호기심을 유발합니다. 핵심은 전 내용을 이해해야 다음 내용을 이해할 수 있게 하는 것입니다.

이 밖에도 여러분에게 맞는 방식이 있을 것입니다. 언제나 주변에 귀를 기울이세요. 뛰어난 설명은 스토리텔링 기법이 가미되어 있기 마련입니다. 누군가의 설명이 유난히 귀에 꽂힌다면 그가 어떤 이야기를 어떻게 들려주고 있는지 파악해보세요.

첫 문장 작성해보기

다른 모든 방식이 별로라면 어떤 이야기를 할 것인지 분명하게 언급하면서 시작할 수도 있습니다. 예시로 2021년에 제가 만든 북미 폭염에 관한 해설 영상을 들겠습니다. 영상은 이렇게 시작합니다.

이 이야기는 곳곳에 산불을 일으키고 인명 피해를 낸 두 번의 기록적인 폭염에 관한 이야기입니다. 이는 우리가 지구에 미치는 영향, 그리고 우리가 기후변화에 대응하는 방식과 연결됩니다.

저는 이 15초 분량에 담긴 내용을 다음 10분 동안 풀어냈습니다. 현재의 화재 사건을 더 광범위한 기후변화 문제와 엮어냈죠. 북미에서 발생한 폭염의 즉각적인 영향에서 지구에서 서서히 벌어지고 있는 일로 초점을 확장했습니다. '줌 아웃' 방식과 비슷하지만, 이 영상의 시작 방식은 특히 어떻게 시작해야 할지 모르겠을 때 유용합니다. 우리는 다음과 같이 시작할 수 있습니다.

- 이 이야기는 …에 관한 이야기입니다.
- 이 강의에서는 어떻게 하면 …할 수 있는지 설명해드리겠습니다.
- 오늘은 …에 대해 안내해드리겠습니다.
- 앞으로 10분 동안 …을 설명하겠습니다.

스토리는 설명의 목적과 겹칩니다. 폭염 영상을 예로 들면, '목적'은 폭염으로 무슨 일이 일어나고 있으며 그것이 기후변화와 어떻게 연결되는지 설명하는 것입니다. '스토리'는 캐나다의 한 마을이 처한 곤경을 통해 우리 기후에 무슨 일이 일어나고 있는지 더 광범위한 진실을 드러내는 것입니다.

스토리와 목적은 상호 보완하며 설명을 처음부터 끝까지 이끕니다.

예시

제가 어느 병원에서 IT 시스템 혁신을 주도하는 관리자라고 가정해보겠습니다.

- 설명의 목적은 무엇인가?
  어떤 혁신이 언제, 왜 이뤄지는지 설명하기.

- 어떤 스토리를 들려주고 싶은가?
  낙후되어 불편을 초래하는 IT 시스템을 혁신하여 우리의 업무

효율을 높이고 환자들에게 제공하는 서비스의 질을 향상하고
자 한다.

- 그 스토리를 어떻게 들려주고 싶은가?

현재 우리가 겪는 IT 문제들과 이미 새로운 시스템을 도입한
타 병원의 성공 사례를 대조한다. 추진 계획을 차례로 안내하
면서 잠재적 이점을 보여준다.

갈래 정리하기

갈래를 나누고 스토리텔링 방식을 정했다면 이제 갈래를 정렬
할 차례입니다. 추후 바뀔 수도 있지만 일단 해봅시다. 다음과
같이 표시할 수 있습니다.

- 갈래 C
- 갈래 A
- 갈래 D
- 갈래 E
- 갈래 B
- 강력한 정보 갈래
- 애매한 정보 갈래

정보 옮기기

서서히 체계를 갖추기 시작해서 무척 만족스러울 겁니다. 이제 새 문서에 갈래별 제목을 입력한 다음, 이미 추출한 정보들이 든 문서를 엽니다(하나의 문서에서 모두 처리해도 되지만 그러면 수없이 위아래로 스크롤하게 될 겁니다).

추출한 정보를 훑어보면서 각 요소를 적합한 갈래로 옮깁니다. 추출 과정을 거쳤기에 대부분의 요소는 제자리를 찾을 것입니다. 꼭 들어맞지 않는 요소도 그런대로 적당한 갈래에 넣으세요. 또한 시작하거나 마무리할 때 쓸 만한 핵심 요소도 눈여겨보세요. 각 갈래 안에서 요소의 배치는 이 시점에서는 중요하지 않습니다.

스스로 주제를 얼마나 잘 이해하고 있는지, 수집한 정보들이 서로 어떻게 연결되는지 점검할 수 있기 때문에 이 과정은 매우 중요합니다. 정보를 평가하고 갈래에 넣다 보면 정보가 더 익숙해집니다. 모든 정보가 정리될 때까지 이 과정을 계속하세요.

갈래 안의 정보 정리

이제 각 갈래를 차례로 살펴보겠습니다. 그 안의 모든 요소를 읽고 다음 질문에 답해보세요.

· 각 갈래가 달성하고자 하는 목표는 무엇인가?

· 각 갈래에서 가장 중요한 요소는 무엇인가?

· 어느 요소부터 시작해야 하는가?

· 어떤 요소가 어떤 요소로 이어지는가?

· 지금 이 순간 누군가에게 각 갈래를 설명해야 한다면 어떻게 설명하
  겠는가?

마지막 질문이 특히 중요한 이유는 우리의 최종 목표가 유려하고 매력적인 설명이기 때문입니다. 이는 정보 갈래들이 흥미로운 이야기로 바뀌는 시작점입니다.

위의 질문들을 고려하면서 각 갈래에 있는 요소의 순서를 정하세요. 시작하고 싶은 요소 뒤에 이어질 요소를 배치합니다. 한 요소에서 다음 요소로 어떻게 흘러갈지 윤곽을 그려봅니다.

그렇게 요소들의 순서를 매겼다면, 각 요소가 해당 갈래에서 어떤 역할을 하는지 분명해야 합니다. 해당 갈래에 충분한 정보가 들었다고 느낄 때까지 계속 진행하세요. 꼭 모든 요소를 사용할 필요는 없습니다. 원하는 요소만 사용하면 됩니다.

불가피하게 어느 정도는 잘리고 바뀌지만, 괜찮습니다. 정보를 어떻게 활용할지 고민한 결과니까요. 이 요소들을 글이나 말로 옮겨야 할 시점에 여러분이 들인 시간은 보상으로 돌아올 것입니다.

모든 갈래에 이 과정을 반복합니다. 남은 요소들과 강력한

정보 갈래는 일단 남겨둡니다. 그럼 이제 두 가지 결과를 마주할 가능성이 매우 큽니다.

첫째, 몇 가지 요소가 남을 것입니다. 이 요소들이 꼭 필요한지 다시 한번 확인하세요. 필요하지 않으면 '애매한 정보' 갈래로 옮기세요. 나중에 다시 돌아올 수 있습니다.

둘째, 꼭 필요한 요소가 빠진 것을 발견할 수 있습니다. BBC 동료들과 저는 그런 요소를 위시 리스트 아이템이라고 부릅니다. 대본이나 보도 기사를 작성할 때 부족하다고 생각되는 부분 옆에 'SLShopping List'이라고 적습니다. 그러면 저나 동료가 목록에 있는 아이템을 구해 채워 넣습니다. 쇼핑 목록은 짧을수록 좋지만 길어도 괜찮습니다. 이 과정은 일관성 있고 매끄러운 설명을 위해 매우 중요합니다. 작은 디테일이 완성도를 높입니다. 여기까지 왔다면 여러분은 다음을 갖췄을 것입니다.

- 체계적인 정보를 지닌 일련의 갈래
- 애매한 요소들
- 강력한 요소들

강력한 요소들

스토리의 문을 어떻게 열고 닫으면 좋을까요? 그런 역할을 할 만한 요소를 골라 각각 '도입'과 결말'이라고 표시한 새 갈래에 함께 넣으세요. 스토리텔링 방식에 따라 시작과 끝에 전혀 다른 요소가 필요할 수도 있습니다. 정답이나 오답은 없습니다.

시각적 요소들

이제 정보를 추출하고 정리했으니 효과와 명확성을 높이기 위해 어떤 시각 자료를 활용할지 고려하면 좋습니다. 각 갈래와 그 안의 정보를 살펴보세요.

- 강조하고 싶은 구절이나 사실, 하나씩 조명할 수 있는 일련의 작업, 보여주고 싶은 그래프, 지도, 이미지가 있는지?
- 처음에 무엇을 보여줄 것인가?
- 마지막에 어떤 이미지를 남길 것인가?

시각적 요소를 제대로 활용하면 매우 효과적이지만, 앞서 말했듯이 자칫 산만해질 수 있습니다. 인용문, 이미지, 통계 등 시각 자료는 말하려는 내용을 직접 뒷받침할 때만 사용해야 합니다.

일반적인 시각적 요소는 피하세요. 프랑스를 언급할 때 에펠탑은 필요하지 않습니다. 자동차에 관해 이야기한다고 해서 아무 자동차 이미지를 넣지 마세요. 특정 자동차를 언급한다면 해당 자동차를 보여주면 됩니다. 또한 '자동차 구매 대수가 감소하고 있습니다'와 같은 문장은 일반적인 자동차 이미지보다 그래프가 더 효과적입니다. 일반적인 이미지는 보여주지 않느니만 못합니다. 최악의 경우 주의를 분산시키고 설명 전체가 변변치 않다는 인상을 줍니다.

시각적 요소를 활용할 순서대로 모으세요. 나중에 일부 요소를 추가하거나 제외할 수 있습니다. 중요한 것은 필요한 시각 자료가 특정 정보와 어떻게 연결되는지 파악하는 것입니다. 7단계에서 이러한 시각적 요소를 효과적으로 활용하는 법을 살펴볼 것입니다. 지금은 수집을 시작하면 됩니다.

이렇게 4단계 **정보 정리하기**가 끝났습니다. 이제 어떤 질문은 익숙해져서 답하는 데 1초도 안 걸릴 겁니다. 하지만 설명을 구성하면서 틈틈이 확인하는 습관은 올바른 방향으로 나아가는 데 매우 중요합니다.

여기까지 오느라 고생하셨습니다. 이제 보상을 받을 차례이며 진짜 재미가 시작되는 지점입니다. 이제껏 필요하다고 생각되는 정보를 모으고, 다듬고, 정리했으니 남은 과제는 그런 정보를 일관성 있고 이해하기 쉬운 설명으로 바꾸는 것입니다.

4단계 확인해보기

- 설명의 목적이 무엇인가?
- 어떤 스토리를 들려주고 싶은가?
- 그 스토리를 어떻게 들려주고 싶은가?
- 갈래가 적절히 나뉘었는가?
- 더 잘 이해해야 할 내용이 있는가?
- 더하고 싶은 시각적 요소가 있는가?
- 다뤄야 할 새로운 영역을 발견했는가?
- '애매한 정보' 갈래 속 요소들이 아직도 애매한가?
- 타인의 조언이 필요한가?

5단계:
정보 연결하기

이제 스토리텔링을 시작할 차례입니다. 논문이나 보고서처럼 글로 설명하는 경우 요소들을 중심으로 글을 쓰기 시작할 것입니다. 발표나 강연처럼 말로 설명하는 경우라면 대본을 만들거나 말할 내용을 연습해볼 수 있습니다.

여기서는 글로 설명한다고 가정하겠습니다. 나중에 말로 설명하기 위해 쉽게 조정할 수 있습니다. 발표나 강연 등 모든 말을 정확히 제어하고 싶은 경우에는 전체 대본을 작성하고 이를 따르는 것이 나을 수 있습니다. 예를 들어 최근에 저는 언론 콘퍼런스에서 다소 민감한 내용의 강연을 했는데, 오해를 사지 않기 위해 대본을 통째로 쓰고 편집자의 확인을 받은 뒤 대본대로 연설했습니다.

하지만 대부분 이러한 순간은 규칙보다 예외에 가깝습니다. 대중 연설이라도 대본 전체를 그대로 낭독하는 것은 권하지 않습니다. 이 책 뒷부분에서 대본을 사용하든 아예 사용하지 않든, 명확하고 목적에 맞게 말하는 방법을 자세히 알려드리겠습니다. 두 방식 모두 단순히 대본을 읽는 것보다 효과적으로 메시지를 전달할 수 있습니다. 우선 지금은 요소들을 중심으로 글을 작성해보는 것부터 시작해봅시다. 계속하다 보면 점차 사용하려는 구조와 문구에 좀 더 익숙해질 것입니다. 글쓰기에 앞서 다음 질문을 고려하세요.

- 더 단순한 용어로 설명할 수 있는가?
- 각 요소의 역할을 명확히 알고 있는가?
- 각 문장에서 말하는 바를 정확히 파악하고 있는가?
- 아직 이해하지 못하는 영역이 있는가?
- 사람들이 궁금해할 예상 질문 목록이 있는가?

아직 이해하지 못하는 영역이 있다면 적어두세요. 사람들이 궁금해할법한 질문들이 떠오른다면 놓치지말고 기억하세요. 그리고 관련 부분에서 해당 질문에 답했는지 확인하세요. 답하지 않았거나 답할 수 없다면 아직 이해하지 못한 영역 목록에 추가하세요.

글쓰기 시작하기

글은 항상 처음부터 시작하기를 추천합니다. 그래야 스토리를 더 쉽게 구체화할 수 있기 때문입니다. 맨 위에 배치한 요소부터 시작하여 구조의 각 영역을 차례로 살펴보세요.

되도록 요소가 배치된 순서를 따르세요. 각 요소의 역할을 유념하면서 글을 쓰세요. 구조가 잘 짜였다면 이 과정은 물 흐르듯 진행될 것입니다. 막히더라도 당황하지 마세요. 다른 요소로 시작하면 더 잘 풀릴 수 있습니다. 그래도 여전히 막힌다면 이유를 파악해보세요.

하고 싶은 말이 명확하지 않은가요? 아니면 어떻게 표현해야 할지 모르겠나요? 저는 보통 이 두 가지 질문에 답하지 못해서 막힙니다. 실질적인 문제도 있을 수 있습니다. 일부 요소를 덜거나 더해야 하나요? 아니면 순서가 맞지 않을 수도 있습니다. 처음 선택한 순서가 최종 결과와 정확히 일치하는 경우는 드뭅니다. 약간의 변동은 지극히 정상입니다.

중요한 것은 계속 앞으로 나아가는 것입니다. 종종 확신이 없거나 마음에 들지 않아도 저는 계속해서 글을 씁니다. 어떤 작업이든 시작이 중요하며, 여러 번 고쳐 쓰다 보면 좋은 글에 가까워지기 마련입니다.

설명과 스토리텔링에 도움이 되는 글쓰기 기법

설명을 구조화하는 스토리텔링 방식이 다양하듯이, 설명에 명확성, 영향력, 추진력을 불어넣을 수 있는 글쓰기 기법도 여러 가지가 있습니다. 여기서 몇 가지를 소개합니다.

기법 1 급정거 피하기

문장을 구성할 때 어떻게 현재 위치에서 원활하게 목적지로 이동할 수 있는지 고려하세요. 방송사는 늘 그 점을 염두에 둡니다. 음악 라디오나 24시간 뉴스에 귀를 기울이면 진행자가 어떻게든 '급정거hard stop'를 피하려고 노력하는 모습을 볼 수 있습니다. 급정거는 콘텐츠가 결론에 도달하는 순간으로, 방송사로서는 시청자가 채널을 돌릴 수 있는 위태로운 순간입니다. 이를 막기 위해 다양한 기법을 사용하여 '계속 볼 가치가 있다'라는 메시지를 전달합니다. 여러분도 수많은 예를 떠올릴 수 있을 것입니다.

예1 | 광고 후 아델의 신곡을 들려드리겠습니다.

예2 | 곧이어 폭풍이 몰아치는 노스캐롤라이나 현장을 생중계하겠습니다. 그 후 현재 상황과 관련한 대통령 담화가 있겠습니다.

이런 기법을 방송계에서는 '끌기trailing'라고 합니다. 이미 시청이나 청취를 시작한 사람들을 계속 붙잡고자 사용하는 기법입니다.

다른 예도 있습니다. 생방송 크레딧이 올라갈 때 주제 음악과 함께 아나운서가 "잠시 후 1960년대 런던을 배경으로 한 새로운 드라마가 시작됩니다"라고 말하는 것입니다. 예전에는 크레딧이 끝난 뒤에 이런 멘트를 했지만, 엔딩 크레딧 자체가 위험한 순간임을 깨닫고 더 일찍 끼어들기로 한 것이죠. 스트리밍 서비스에서도 크레딧이 시작되자마자 다음 에피소드 또는 다른 프로그램을 제공합니다. 모두 급정거가 비즈니스에 얼마나 위협이 되는지 잘 알기 때문입니다. 설명할 때도 마찬가지로 급정거를 피해야 합니다.

기법 2   끌기

다음은 설명의 맥락에서 끌기의 몇 가지 예입니다.

예1 | 그렇게 높은 매출을 어떻게 달성했는지 궁금하시죠? 지금부터 3가지 방법을 각각 소개해 드리겠습니다.

예2 | 그럼 유권자의 결정에 영향을 미치는 요인이 어떻게 변화하고 있는지, 지금부터 보여드리겠습니다. 그리고 그러한 변화가 유권자들의 뉴스 소비 습관 변화와 어떻게 연결되는지 살펴

보겠습니다.

예3 | 몇 분만 더 짬을 내서 신제품을 출시하기로 한 이유를 말씀 드리겠습니다. 아마 여러분도 기대가 크실 겁니다.

끌기는 크게 두 가지 형태가 있습니다. 오로지 전진하는 경 우와 첫 번째 예시처럼 앞서 말한 내용을 짚고 나아가는 것입니 다. 두 형태 모두 효과적으로 나아갈 방향을 알리며 설명의 각 갈래 사이에 위치할 수 있습니다. 하지만 주요 분기점에서만 사 용할 수 있으므로 두세 번을 넘지 않아야 합니다.

기법 3　구조 드러내기

이 기법은 끌기와 비슷합니다. 끌기가 앞으로 이어질 내용 을 알리는 것이라면, 구조 드러내기는 최대한 뚜렷하게 알리는 것입니다.

예1 | 지금까지 X에 대해 살펴봤는데요, 다음 주제는 Y입니다. X를 이해하려면 X가 Y와 어떻게 연결되는지 고려해야 합 니다. 지금까지 X와 Y를 살펴봤지만, Z도 중요합니다.

예2 | X와 Y를 합치면 다음 요인인 Z로 이어집니다.

X, Y, Z 모두 중요하지만, 그보다 더 중요한 A, B, C를 이제부터 살펴보도록 하겠습니다.

X로 인해 Y가 발생하고 이것이 다시 Z로 이어지는 과정을 살펴봤습니다. 이러한 일련의 사건으로 인해 필연적으로 A와 B도 발생합니다.

이렇게 상대방에게 지금까지 들은 내용과 앞으로 듣게 될 내용을 알려줄 수 있습니다.

설명은 대개 시작에서 끝으로 직선 경로로 나아가지만, 일부 주제에서는 필수 배경 지식이나 맥락을 제공하기 위해 잠시 우회해야 할 수도 있습니다. 이때 '구조를 드러내면' 청중이 길을 잃지 않고 따라갈 수 있습니다. 요컨대 우회하기 전과 후에 청중에게 이정표를 제시하는 것입니다.

예 | 앞서 X를 언급했는데요, 이 문제에 X가 어떻게 적용되는지 살펴보고 더 나아가겠습니다.

여기서 잠깐 X에 대해 고려해봅시다.

그래서 어떻게 되었는지 말씀드리기 전에, 잠시 X를 짚고 넘어가겠습니다.

이제 이 모든 것을 염두에 두고 다시 원점으로 돌아가 보겠습니다.

이것이 바로 X입니다. 이제 다시 Y로 돌아가서 이야기를 이어가죠.

자신이 뭘 하고 있는지 언급하면 자신감이 붙습니다. 또한 상대방이 읽거나 듣다가 중단할 가능성이 줄어듭니다.

기법 4 **결합 구문**

끌기와 구조 드러내기는 큰 분기점에서 추진력을 일으킵니다. 그런데 이 기법을 작은 지점마다 적용하면 어떨까요?

저는 뉴스를 진행할 때 끌기 기법을 자주 사용했습니다. 보도와 보도 사이, 때로는 보도의 각 영역 사이에서 다음에 어떤 내용이 나올지 알리거나 어떤 내용이 막 끝났음을 알리는 것입니다. 이런 방식이 문제가 되지는 않지만 시청자의 몰입력을 떨어뜨린다는 느낌이 들었습니다. 저는 사람들의 관심과 주의를 끄는 법을 설명의 구조에 녹여낼 수 있는지 알아보고 싶었습니다. 그래서 '결합 구문'이라는 기법을 시도하기 시작했습니다.

결합 구문은 청중이 안내받는 줄도 모르게 부드럽게 다음 내용으로 안내합니다. 다음은 몇 가지 결합 구문의 예입니다.

예1 | 이 사실을 통해 X라는 문제를 이해할 수 있지만, 그것이 전체 그림은 아닙니다. 이를 파악하려면 Y도 고려해야 합니다.

예2 | 첫 번째 목표는 달성했습니다. 하지만 그것은 곧바로 두 번

째 목표로 이어졌습니다. 즉 훨씬 더 어려운 것을 증명해야 했습니다.

예3 | 일부 동료들은 제 제안에 분노를 드러냈지만, 그런 반응이 전부는 아니었습니다.

예4 | 이것은 작년 수치입니다. 이제 지금까지 어떻게 되었는지 살펴보시죠.

이러한 결합 구문은 뒤를 돌아보는 동시에 앞을 내다보게 합니다. 큰 갈래들이 아니라 요소들을 매끄럽게 연결하는 '작은 끌기'라고 할 수 있습니다. 이 기법은 설명의 흐름이 끊기는 것을 최소화합니다.

기법 5 '백 아노'와 '훅'

'백 아노(back announcement의 줄임말)'는 무언가의 뒤에 따라붙는 멘트를 뜻하는 방송 은어입니다.

흔한 예를 들자면, 짧은 클립을 내보낸 뒤 제가 이렇게 말하는 것입니다. "오늘 밤 9시에 BBC1에서 전체 인터뷰를 보실 수 있습니다." 아주 기본적인 끌기 기법이라 할 수 있죠. 그런데 이렇게 하면 다음 내용으로 넘어가는 과정에서 약간 맥이 끊어집니다. 아예 좀 다르게 활용해보면 어떨까 싶었습니다. 저는 백

아노를 기본적인 끌기가 아닌 방금 들은 내용을 강조하는 데 사용해보았습니다.

이를 위해서는 먼저 무엇을 강조하고 싶은지 파악해야 합니다. 특별히 중요한 문구나 통계, 한 단어일 수도 있습니다. 요소에서 벗어날 때 움켜쥘 수 있는 이것을 저는 '훅'이라고 부릅니다.

① 강조를 위한 백 아노

한 요소에서 다음 요소로 넘어가기 전에 방금 들은 내용을 반복하여 강조합니다. 예를 들어 "이 작전의 정확한 승인 시기는 아직 불분명합니다."라는 경찰청장의 말을 인용하면서 이렇게 강조하는 백아노를 덧붙일 수 있습니다.

백 아노 예 | 경찰청장은 어쩌다 이런 사태가 일어났는지 "불분명하다[훅]"고 말하지만, 유족들의 말은 다릅니다.

다른 예도 들어보죠. "최근 평가에 따르면 ○○ 업체의 매출이 2년 만에 90퍼센트 감소한 것으로 나타났습니다." 이렇게 말하면서 이런 강조형 백아노를 덧붙이는 것입니다.

백 아노 예 | 90퍼센트. 2년 만에요.[훅] 업계 전체가 30퍼센트나 성장했는데 말입니다.

잠재적인 훅을 포착하면 전달하는 정보에 영향력을 불어넣을 수 있습니다. 다만 비장의 카드라는 점을 기억하세요. 남발하면 역효과가 납니다. 정말 중요한 정보를 위해 아껴 쓰세요.

② 맥락을 더하는 백 아노

대통령이 "오늘 새로운 기후변화 완화 목표를 발표한 것은 중요한 진전입니다."라고 말했다고 가정해봅시다. 이 뉴스를 전하며 다음과 같이 백 아노 할 수 있습니다.

백 아노 예 | 이는 중요한 진전[훅]이 될 수 있지만, 현재로서 대통령은 그 목표를 어떻게 실현할 것인지에 대한 구체적인 방안을 내놓지 않았습니다.

여기서 훅은 '중요한 진전'입니다. 그것이 대통령의 요지입니다. 저는 그것을 구체적인 정보가 부족하다는 점을 강조하기 위한 수단으로 썼습니다. 훅을 이용해 방금 언급한 내용에 필요한 맥락을 더한 백 아노의 예시입니다.

통계가 포함된 다른 예를 들어보죠. "한 패션업계 관계자는 '빈티지 의류에 소비되는 금액이 현재 1억 파운드에 달한다'고 했습니다." 이 문장에 이렇게 백아노 해봅시다.

백아노 예 | <u>1억 파운드[훅]</u>는 큰 금액처럼 보입니다. 하지만 영국에서는 매년 100억 파운드를 옷에 소비합니다. 빈티지 시장은 성장하고 있지만 여전히 새 옷 시장에 비하면 작은 규모입니다.

이번에도 훅으로 강조하고 백 아노로 맥락을 더했습니다.

③ 훅으로 구문 결합하기

이 모두를 종합하면 말하는 바에 맥락과 영향력을 더하고 다음 요소로 자연스럽게 이동할 수 있습니다. 훅을 찾아 반복한 뒤 그 단어나 구절을 발판 삼아 앞으로 나아가는 것입니다.

공급 업체들은 이 새로운 방식을 반기지 않았습니다. 실제로 한 업체는 "이게 왜 필요한지 모르겠다"고 했습니다. <u>그들은 이 방식이 불필요하다고 여기지만[훅]</u> 공급망에 대한 전반적인 데이터에 따르면 그렇지 않습니다[결합 구문]. 협회에서 제시하는 증거를 보시죠[다음 요소인 최신 데이터 차트로 이동].

이로써 우리의 설명 방식에 몇 가지 중요 사항을 추가하게 됩니다. 다음은 앞으로만 나아가는 고전적인 설명 방식입니다.

1. 몇 가지 정보 소개

2. 정보 공유

3. 몇 가지 추가 정보 소개

4. 정보 공유

다음은 뒤를 돌아보며 앞으로 나아가는 설명 방식입니다.

1. 몇 가지 정보 소개

2. 정보 공유

3. 맥락을 더하는 백 아노

4. 몇 가지 추가 정보 소개

5. 정보 공유

6. 훅으로 구문 결합하기

7. 몇 가지 추가 정보 소개

8. 정보 공유

이렇게 하면 짧은 시간 안에 추진력, 맥락, 영향력을 더할 수 있습니다. 설명의 주요 분기점에서만 추진력을 내는 것이 아니라 일정한 속력을 유지하는 것이죠. 이를 위해서는 항상 자신이 어디까지 왔고 어디로 가고 있는지 인식해야 합니다. 뒤를 돌아보며 앞으로 나아가세요.

기법 6 병렬하기

이 기법은 추진력과 흥미를 유지하는 데 효과가 뛰어납니다. 여러분도 책, 영화, 스포츠 중계, 다큐멘터리 등에서 익히 보는 기법입니다.

축구 시즌 마지막 날 중계에서 해설자는 이렇게 말합니다. "이 골로 맨체스터 시티의 리그 우승이 유력해졌지만, 잠시만요, 방금 리버풀에서 판도를 뒤집는 골을 터뜨렸습니다."

정치 다큐멘터리에서 내레이터는 이렇게 말합니다. "대통령이 동맹국들을 만나는 동안, 반군 조직에서는 그를 몰아내기 위한 음모가 진행되고 있었습니다."

수많은 스토리에서 여러 사건이 병렬적으로 전개됩니다. 서로 다른 일이 동시에 일어나는 느낌을 주면 스토리텔링이 더욱 강력해집니다. 서사에 추진력을 불어넣을 뿐 아니라 상충하는 전개를 병치하여 차이와 연결성을 강조할 수 있습니다.

예를 들어 자연사 다큐멘터리에서 내레이터가 이렇게 말합니다. "강에 살던 토종 굴을 되살리려는 계획은 성공했지만, 개체 수가 늘어나면서 새로운 위협인 조류가 등장했습니다." 다음은 이런 방식으로 구문이 결합된 몇 가지 예입니다.

예1 | X는 성공적이었습니다. 만족스러운 결과를 냈지만 Y가 여전히 문제로 지적됩니다.

예2 | 한 곳에서 X가 발생하는 한편 다른 곳에서는 Y가 발생했습니다.

예3 | X, Y, Z는 해결되었으나 A와 B는 그대로였습니다.

예4 | 어느 기업에서는 X라고 하고 또 어느 협력사에서는 Y라고 했습니다.

이러한 결합 구문으로 설명의 한 갈래에서 다른 갈래로 자연스럽게 이동할 수 있습니다.

기법 7 문장을 둘로 나누기

제가 프로듀서들에게 자주 하는 말이 있습니다. "내용에는 문제가 없지만 문장을 둘로 나눴습니다." 이는 글이 아닌 말로 설명할 때 특히 중요하게 적용할 수 있는 기법입니다. **문장이 간결하고 짧을수록 듣는 이가 이해하기 쉽습니다.** 또한 호흡을 정리하기도 좋습니다. 장황한 문장은 되도록 피하세요. 다음은 간단한 예입니다.

예시

원본

수영 강습은 모든 나이의 아이들이 참여할 수 있고, 일주일 동안 8단계로 진행되며, 오전 9시부터 오후 5시까지 운영하는 접수대 또는 웹사이트에서 등록할 수 있습니다.

수정본

수영 강습은 16세 미만의 모든 아이가 참여할 수 있습니다.

강습은 총 8단계로 이루어집니다.

수업은 주말을 포함하여 일주일 동안 매일 진행됩니다.

오전 9시부터 오후 5시 사이에 웹사이트 또는 접수대에서 등록하세요.

처음부터 문장을 간결하고 읽기 쉽게 작성하면 수정해야 할 부분이 줄어들 것입니다.

기법 8 문장의 주어를 앞쪽에 배치하기

특히 말로 설명할 때 잘 버려지지 않는 나쁜 습관이 있습니다. 문장의 주어를 문장 한가운데 놓는 것입니다. 다음 예를 보시죠.

의원 수가 부족하고, 지지를 잃고, 논란에 휩싸인 야당은 심각한 압박을 받고 있습니다.

야당에 대해 처음 언급하는 것이라면 청자는 서두에서 이미 길을 잃을 수 있습니다. 다음 예는 몇 년 전 BBC의 한 진행자의 유명한 멘트입니다.

BBC 월드 뉴스의 조너선 찰스입니다. 수십 년간 감금되어 아이를 낳도록 강요당했습니다.

이 멘트만 담긴 7초짜리 영상은 'BBC 뉴스 실수BBC news blooper'라는 제목으로 유튜브에서 수백만 조회 수를 기록했습니다. 마치 조너선이 이어질 보도 내용의 주인공인 것처럼 들리죠.

사실 이 영상은 조너선의 대본 리허설 장면이었고, 실제 방송에서는 해당 피해 여성의 사진과 함께 천천히 멘트해서 딱히 오해를 살 만하지는 않았습니다. 안타깝게도 유튜브 시청자들에게는 그런 정보가 전달되지 않은 듯합니다.

하지만 우리는 이 사례에서 교훈을 얻을 수 있습니다. 어떻게 말하느냐, 그리고 말하면서 무엇을 보여주느냐에 따라 말의 의미가 달라질 수 있다는 것입니다.

더 직접적인 교훈은 주어를 문장 중간에 놓으면 오해를 부를 수 있다는 것입니다. 오해의 소지를 줄이는 간단하면서 유용한 규칙은 주어를 먼저 언급하는 것입니다.

기법 9 '그리고'의 힘

이 기법은 글보다 말로 설명할 때 훨씬 더 적합합니다. 우리가 스토리텔링에서 달성하고자 하는 몇 가지를 떠올려 봅시다. 추진력, 요소와의 연결성, 차곡차곡 설명을 구성하는 감각, 어딘가로 이끄는 감각, 그리고 짧은 문장 등이죠.

문장의 시작 부분에 '그리고'라는 접속사를 사용하면 이 모든 것에 도움이 됩니다. '그리고'는 다시 말해 청중에게 '그게 다가 아닙니다.'라고 말하며 동행을 요청하는 것입니다. 가장 간단한 결합 구문인 셈이죠. 다음은 몇 가지 예입니다.

예1 | 정부는 방금 에너지 효율이 가장 낮은 주택의 단열을 위한 자금 지원을 발표했습니다. 그리고 이 투자는 광범위한 에너지 절약 전략의 일환입니다.

예2 | 날씨가 좋지 않아 참석률이 저조했고 티켓 수익도 부진했습니다. 그리고 설상가상으로 직원 상당수가 바이러스에 감염되었습니다.

예3 | 재택 근무자와 출퇴근 근무자 사이의 업무 조율이 언제나 골치였습니다. 그리고 이 문제를 해결하던 중 회장과 CEO가 사임했습니다.

위 3가지 예에서 '그리고'를 빼 보세요. 글쓰기에서는 오히려 더 바람직한 방식입니다. 하지만 말할 때는 '그리고'를 추가하면 두 문장이 더 자연스럽게 이어지고 리듬과 추진력이 생깁니다.

나답게 들리나요?

1~2년 전에 한 동료가 찾아와 우리 프로그램, 특히 제 진행에 대해 아낌없는 호평을 전했습니다.

"어떻게 대본 없이 한 시간을 이끌 수 있죠?" 동료의 칭찬에 저는 이렇게 답했습니다. "고맙지만, 실은 다 대본이 있습니다." 맞습니다. 제가 지향하는 방식은 대본의 정확성을 유지하면서 대상 청중과 대화하듯이 진행하는 것입니다. 이는 제 초창기 방송 경험을 바탕으로 합니다.

BBC 5 라이브의 심야 프로그램 〈업 올 나이트〉에서 진행을 맡게 되었을 때입니다. 첫 방송을 앞두고 저는 당시 메인 진행자인 도툰 이데바요에게 조언을 구했습니다. 도툰은 "절대 로드처럼 말하려고 하지 마세요"라고 했습니다. 로드 샤프는 따뜻하고 서정적인 진행 스타일로 저를 비롯해 많은 팬을 거느린 원조 진행자였습니다. 도툰의 요점은 타인을 모방하지 말고 자신의 강점을 살려야 한다는 것이었습니다.

크게 와닿는 조언이었습니다. 한편으로는 도툰도 자기만의 스타일로 크게 성공했기 때문이고, 또 한편으로는 제가 처음으로 라디오 생방송에서 진행을 맡았을 때가 떠올랐기 때문입니다. 《인디펜던트》 면접에서 실패한 해 여름에 저는 한 FM 방송국에서 자정부터 새벽 2시까지 심야 음악 프로그램을 진행하게 되었습니다. 시청자는 수십 명 정도였을 겁니다. 저는 프로그램 매니저에게 낮 시간대 방송보다 유연하고 진정성 있는 어조로 진행하고 싶다고 말했습니다. 그러자 그는 냉정하게 말했습니다. "그렇다 해도 당신은 어느새 게리 데이비스처럼 말하게 될 겁니다." (게리 데이비스는 1980년대 BBC 라디오1의 인기 진행자였고, 저는 그의 열렬한 애청자였습니다. 그는 지금도 BBC 라디오 2에서 왕성히 활동하고 있습니다.)

매니저의 요점은 주류 진행자에 대한 비판이 아니라, 다른 사람을 모방하는 것은 인간의 본성이라는 것이었습니다. 과연 저는 첫 방송을 시작하고 얼마 후 주류 진행자들처럼 "FM 107.9를 고정해주세요."라고 말하곤 했습니다. 저만의 목소리를 찾는 것은 생각보다 어려운 일이었습니다.

제 초창기 뉴스 방송에서도 기존 스타일을 모방하는 패턴을 발견할 수 있습니다. 물론 기본적인 진행 기법을 모방하는 것은 유익했지만, 저만의 어조와 스타일을 개발하는 데는 방해가 되기도 했습니다. 이를 해결하기 위해 저는 간단한 규칙을 세웠습니다. 모든 대본, 발표, 인터뷰를 준비할 때마다 '나답게 말하고 있나?'라고 스스로 묻는 것입니다. 대답이 '아니다'라면 무조건 바로잡아야 합니다.

저는 제가 어떻게 말하는지 압니다. 여러분도 여러분이 어떻게 말하는지 압니다. 우리는 자신이 어떤 식으로 말하고 말하지 않는지 압니다. 자기답게 말하세요.

물론 상황에 따라 표현 방식이 달라질 수 있지만, 그 어디에서도 내가 아닌 다른 사람처럼 말할 필요는 없습니다. 모든 커뮤니케이션에서 자신의 진정한 목소리를 담아내세요.

하나로 모으기

이는 설명 전체 또는 일부를 빠르고 효과적으로 맺을 수 있는 기법입니다. 저는 결론에 다다를 때 말하려는 내용이 앞선 내용의 결과임을 짚어 주곤 합니다. 학교에서 리포트를 쓸 때는 '결론적으로'라는 표현을 자주 썼습니다. 지금은 '이 모든 것'을 훨씬 선호합니다. 앞서 살펴본 모든 내용이 이 지점으로 이어진다는 점을 명확히 하고 싶기 때문입니다.

다음은 한 갈래를 끝내고 다음 갈래로 이동하는 방법의 예입니다. 1차 세계 대전의 시작을 설명할 때, 전쟁이 처음 몇 달간 어떻게 진행되었는지 열거한 뒤 다음과 같이 말 수 있습니다.

예1 | 이 모든 것은 1914년 겨울에 전쟁이 이미 교착 상태에 이르렀으며 연합군이 새로운 전략을 모색할 때가 되었다는 뜻입니다.

이 문장으로 우리는 지금까지의 내용이 이 지점으로 이어졌다고 암시하고 다음 내용으로 나아갈 수 있습니다. 또는 전체 설명을 매듭짓는 몇 가지 예가 있습니다.

예2 | 이 모든 것은 안타깝게도 현재의 비즈니스 모델이 한계에 도달했다는 것을 의미하지만, 동시에 흥미로운 대안이 등장하고 있다는 것을 의미하기도 합니다.

예3 | 이 모든 것은 정치 혁신 기회가 한 세대에 한 번 있으며 그 혁신이 어떻게 이뤄져야 하는지에 대한 열띤 논의가 있어야 한다는 것을 의미합니다.

예4 | 이 모든 것은 제가 이 역할을 맡기에 가장 적임자라는 뜻입니다.

'이 모든 것'을 반복하지 않기 위한 몇 가지 대안이 있습니다.

- 이 모든 요소를 고려하면…
- 이 모든 전개를 종합하면…
- 이 모든 점이 결합하면…

또는 요점을 명확하게 전달하고 싶다면 요약과 함께 결론을 제시할 수 있습니다.

그 모든 과정을 거쳐 도달한 지점이 바로 여기입니다. X가 일어났고 Y가 일어났으며 Z는 여전히 일어나고 있습니다.

그러고 나서 모든 것을 하나로 모으는 것입니다. 이 밖에도 다양한 변주가 가능할 것입니다. 결론을 암시하는 문구는 설명에 유용합니다. 청중을 위해 정보를 깔끔하게 정리하고 앞으로 나아갈 방향을 알려주기 때문입니다.

기법 도달한 지점

이는 하나로 모으기의 또 다른 방식입니다. 이 기법은 결론보다는 요약을 형성합니다. 시간이 더 걸리므로 늘 효과적인 것은 아닙니다. 하지만 여유가 있다면 요약은 전체 설명을 강조할 수 있습니다.

저는 '도달한 지점'이라는 표현을 자주 사용합니다. 이는 우리가 어디까지 왔는지, 그리고 어떻게 거기에 도달했는지 알려주는 신호입니다. 역시 설명의 일부 또는 전체를 맺는 데 사용할 수 있습니다.

요약은 새로운 정보를 소개하는 것이 아니라 강조를 위한 반복입니다. 이 기법으로 설명의 두 영역을 연결하는 경우 다음과 같이 쓸 수 있습니다. 이때 각 사실은 각 대목의 주요 특징을 기반으로 합니다.

예 | 그래서 3년 동안 연구한 끝에 제가 도달한 지점은…
- 사실1
- 사실2
- 사실3

보시다시피 상황이 여의치 않았습니다. 그래서 저는 X에게 전화하기로 했습니다.

이 기법으로 설명을 마무리 짓는 경우 다음과 같이 쓸 수 있습니다.

예 | 3년간의 전쟁 끝에 도달한 지점은 바로…
- 사실1
- 사실2
- 사실3

결론적으로 말해서, 이 모든 것은 전쟁을 조속히 종식하려는 연합군의 노력이 실패했음을 의미했습니다.

두 가지 예를 더 보겠습니다.

예1 | 이 정책이 시행된 지 12개월이 지났으며 현재 이 정책으로 도달한 지점은… [정책의 결과와 그에 대한 평가를 열거]

예2 | 우리 업계는 1990년대부터 인터넷 덕분에 혁신적으로 변화해왔습니다. 그리고 2022년, 우리가 도달한 지점은… [비즈니스가 처한 상황의 핵심 측면들을 열거]

이해가 가시죠? 다음은 2020년 미국 대선 당시 제가 사용한 이 기법의 두 가지 예입니다. 첫 번째 예는 선거 이틀 후 도널드 트럼프가 결과에 불복하는 상황을 보도할 때 사용한 것입니다.

예1 | 미국 민주주의의 또 다른 날입니다. 대통령은 투표가 조작되었으며 민주당이 선거를 훔치려 한다는 근거 없는 주장을 펼치고 있습니다. 그의 아들 에릭 트럼프는 기표된 투표용지들이 소각되었다는 잘못된 정보를 유포하고 있습니다. 트럼프 캠프는 개표를 중단시키기 위해 여러 건의 소송을 제기하고 나섰습니다. 국제 선거 참관인들은 대통령의 '심각한 직권 남용'을 비

난하고 있습니다. 미국의 민주적 선거 절차에 대한 도널드 트럼프의 공격은 어제오늘 일이 아니지만, 전 세계는 지난 이틀간 대통령의 계속된 기행에 놀란 반응을 보이고 있습니다. 이는 사람들이 일반적으로 생각하는 미국식 민주주의가 아닙니다.

그 순간을 구성하는 요소들을 열거하면 누적 효과가 있습니다.

며칠 후 웃지 못할 촌극이 또 있었습니다. 5성급 호텔 포시즌스에서 기자회견을 열겠다던 트럼프 캠프는 예약 실수를 한 듯이 '포시즌스 토탈 조경'이라는 조경 회사에서 기자단을 맞았습니다. '판타지 아일랜드'라는 성인 만화방 옆에 있었죠. 조경 회사 앞마당에서 기자회견이 진행되는 동안 한 방송사가 조 바이든의 승리를 발표했고, 도널드 트럼프는 골프를 치는 모습으로 포착되었습니다. 우리는 보도문을 이렇게 완성했습니다.

예2 | 그리고 토요일 11시 24분, 미국은 역사적인 순간을 맞이했습니다. CNN은 조 바이든을 대통령 당선인으로 발표했습니다. 그 시각, 도널드 트럼프는 골프를 치고 그의 캠프는 '판타지 아일랜드' 옆 주차장에 있었습니다.

'미국 민주주의의 또 다른 날입니다.'와 '미국은 역사적인 순간을 맞이했습니다.'는 '도달한 지점'을 변형한 표현일 뿐입니다.

이 기법은 이미 설명한 내용을 효과적으로 강조합니다.

시작과 끝

첫 문장과 마지막 문장은 말하고자 하는 바를 정리할 수 있는 가장 좋은 기회입니다. 제대로 하면 사람들의 주의를 사로잡고 오래도록 기억에 남을 인상을 남길 수 있습니다. 제가 마지막까지 가장 많이 고치는 문장이 바로 이 문장들입니다. 도입과 결론에서 전하고자 하는 바를 포착하여 세심하게 다듬어야 합니다. 이는 반복적 과정이며, 주제에 대한 이해가 깊어짐에 따라 완벽한 문장으로 발전합니다. **청중의 관심을 끄는 문장으로 시작하고 메시지를 강조하는 문장으로 마무리하는 것이 중요하다는 점을 명심하세요.**

예시

다음 첫 대사와 마지막 대사는 타이완을 둘러싼 긴장을 다룬 해설 영상에서 발췌했습니다. 영상은 이렇게 시작합니다.

이 이야기는 한 지역의 역사적 분쟁이 어떻게 세계적인 권력 경쟁의 일부가 되었는지에 관한 이야기입니다.

일부 시청자는 타이완이 자신의 삶과 동떨어져 있다고 느낄 수 있기에 저는 이 문제가 모든 시청자에게 관련 있다고 느끼도록 만들고자 했습니다. 또한 '세계적인 권력 투쟁'이라는 표현으로 긴급성과 중요성을 강조했습니다. 영상은 이렇게 끝납니다.

따라서 대만의 상황은 미국이 지닌 힘의 한계와 중국이 지닌 잠재력을 가늠할 시험대가 되었습니다.

여기서 저는 21세기적 맥락을 다시 한번 강조하면서 이 문제가 중국의 부상으로 인한 세계 질서 재편의 일환이라는 메시지를 전했습니다. 이로써 대만의 특수한 상황을 넘어 세상의 변화에 관한 설명이 되었습니다.

시작을 잘하면 청중이 끝까지 함께하고, 마무리를 잘하면 청중이 그럴 만한 가치가 있었다고 여길 가능성이 큽니다.

강력한 구절

어떤 설명이든 말하고자 하는 바를 함축적으로 표현할 수 있는 구절이 필요합니다. 핵심을 꿰뚫고 정곡을 찌르는 구절이죠. 설명의 모든 요소가 중요하지만, 좋은 토대 위에 강력한 구절을 심으면 청중의 뇌리에 핵심 메시지를 각인시킬 수 있습니다.

설명에 이런 구절이 있는지 눈여겨보세요. 특히 한 내용을 여러 번 설명해야 할 때 유용합니다. 저는 세 가지 방법으로 강력한 구절을 찾아냅니다.

첫째, 열심히 노력합니다! 2010년 초, BBC에 〈아웃사이드 소스〉 포맷을 제안할 때 저에게는 아이디어와 전략으로 가득 찬 워드 문서가 있었습니다. 모든 내용을 모아두기에는 유용했지만 누군가를 설득하기에 좋은 형식은 아니었죠.

저는 몇 페이지에 달하는 〈아웃사이드 소스〉의 비전을 한 문장으로 요약했습니다. '어떤 형태로든 BBC 안팎에서 얻은 최고의 자료를 이용해 그날그날의 소식을 매우 효율적으로 보도하는 정통 글로벌 뉴스 프로그램.'

이 구절은 나중에 프로그램을 제작할 때 유용한 지침이 되었지만, 아이디어를 구체화하던 초기에는 그리 강력한 구절이 아니었습니다. 일단 너무 길고 복잡했습니다. 저는 대화나 짧은 발표에서 쉽게 전달할 수 있도록 간결한 구절로 다듬었습니다. 다음은 몇 가지 예입니다.

· 디지털 세상을 위한 뉴스 프로그램
· 라이브페이지의 방송 버전
· 실시간 데이터 대조
· 시청자 앞에서 보도를 구성할 수 있음

· 비공식적 정보 제공

· 깊이와 맥락을 우선시함(뉴스를 아는 사람을 위한 뉴스)

이 밖에도 여러 구절이 있었습니다. 저는 아이디어를 어필할 때마다 이 강력한 구절들을 사용해 효과 빠르게 전달했습니다.

강력한 구절을 찾아내는 두 번째 방법은 제가 영향력 있는 말을 할 때 알아차리는 것입니다. 50:50 프로젝트를 준비할 때 많은 팀과 회의했습니다. 많은 사람이 비슷한 질문과 고민을 지니고 있었기에 대화는 비슷하게 흘러가곤 했습니다. 그러다 보니 어떤 구절이 반응이 좋은지 알아차리게 되었습니다. 저는 그 구절을 메모해 두었다가 다시 써먹곤 했습니다. 마찬가지로 도움이 안 되는 구절도 메모했습니다. 그렇게 점점 어떤 구절이 제 설명에 가장 효과적인지 알게 되었습니다.

강력한 구절을 찾아내는 세 번째 방법은 다른 사람의 말에 귀 기울이는 것입니다. 제 해설 영상을 특징 짓는 구절 중에는 '단호한 공정성assertive impartiality'이 있습니다. 이 표현은 제가 지향하는 바를 아주 효과적으로 요약합니다. 개빈 앨런이라는 전 BBC 임원이 인터뷰에서 제 작업을 언급하면서 사용한 표현으로 사람들의 반응이 좋아서 저도 바로 사용하게 되었죠.

때때로 다른 사람들이 우리가 말하고자 하는 바를 우리보다 더 날카롭게 포착합니다. 우리는 그 표현들을 이용해 더 명확하고 효과

적으로 설명할 수 있습니다. 강력한 도구가 될 나만의 맞춤 구절
을 찾아 활용해보세요.

첫 번째 초안 완성하기

제가 제시한 모든 기법을 여러분만의 무기고에 추가하고, 필요
에 따라 적절하게 사용하세요. 여러분의 갈래와 요소를 글이나
말로 바꾸는 데 도움이 되길 바랍니다.

이 단계에 이르면 설명문이나 발표문의 초안이 나왔을 겁
니다. 정말 중요한 지점입니다. 작업이 끝난 건 아니지만 형식을
갖춘 무언가가 생겼으니까요. 저는 이 책을 집필하면서 이 단계
에 이르렀을 때 비로소 완성할 수 있다고 느꼈습니다. 이런 희망
은 결승선에 도달하는 데 절실히 필요한 에너지를 공급합니다.
하지만 5단계를 마무리하기 전에 과제가 하나 더 있습니다.

위에서 아래로

설명이 처음부터 끝까지 어떤 느낌인지 확인할 첫 번째 기회입
니다. 모든 것이 잘 어우러지는지 확인해봅시다.

- 갈래와 요소가 자연스럽게 이어지는가?

- 설명에 부족한 부분이 있는가?

- 요점을 전달하기 어려운 영역이 있는가?

성에 안 차는 부분이 있다면 그 자리에서 해결하거나 표시해두세요. 보완해야 할 부분을 파악하는 것이 우선입니다.

이제 5단계 **정보 연결하기**가 끝났습니다. 주제와 방대한 정보가 부담스러워 보였던 초반에서 꽤 먼 길을 달려왔지요. 다음은 본격적인 편집에 들어갈 차례입니다.

5단계 확인해보기

- 스토리 구조를 충실히 따랐는가?
- 다양한 기법으로 강조와 추진력을 더했는가?
- 나답게 들리는가?

6단계:
긴축하기

이 단계에서 우리는 이미 좋은 설명을 좀 더 탁월한 설명으로 바꿀 수 있습니다. 저는 이 단계를 밟을 때면 학창 시절에 피아노 곡을 연습하던 게 떠오릅니다. 악보를 소화할 수 있어도 매끄럽게 연주하려면 시간과 노력이 필요했죠.

6단계는 직접 설명을 해보는 단계입니다. 이 단계를 거치지 않으면 중요한 정보들의 연결성과 설득력이 떨어질 위험이 있습니다.

작고한 프랑스 음악 프로듀서 필립 즈다르는 록 밴드 피닉스와 함께 작업한 과정을 담은 유튜브 영상에서, 곡이 거의 완성되었을 때 트랙을 믹싱한다고 말했습니다.

다 끝났을 때 믹싱에 들어갑니다. (…) 균형과 냉정을 유지하느라 신경이 곤두서죠.

트랙을 믹싱할 때와 마찬가지로 설명을 긴축하는 과정에서는 대담한 의사 결정이 필요합니다. 공들여 작업한 부분을 과감히 버려야 할 수도 있기 때문입니다.

뉴스룸에서는 그런 상황이 비일비재합니다. 뉴스는 특성상 몇 시간, 때로는 며칠에서 몇 주가 걸리는 작업을 꾸준히 취합해 특정 순간에 보도해야 합니다. 하지만 새 소식이 날아들면 애써 준비한 보도는 종종 폐기되기도 합니다.

2001년 BBC에 입사했을 때 제가 준비한 한 시간짜리 시사 토론이 뉴스 속보로 인해 갑자기 취소되어 큰 충격을 받았던 기억이 납니다. 미련 없이 돌아서는 편집자와 달리 저는 아직 냉정함을 충분히 단련하지 못한 상태였죠.

설명을 다듬을 때도 사적인 감정을 배제해야 합니다. 해설 영상을 제작할 때 제 동료들은 종종 "아쉽지만 이건 버려야 할 것 같아요"라고 말합니다. 투자한 시간이나 특정 구절을 향한 개인적 애착은 반대의 근거가 될 수 없습니다.

버리거나 남기는 것이 큰 결정이라면, 여러분은 작은 결정도 많이 하게 될 것입니다. 자잘한 수정들만으로도 설명의 효율성과 추진력을 높일 수 있습니다.

이제 초안으로 돌아가 각 문장을 최대한 명확하게 다듬어 보시기 바랍니다. 의미 전달에 실패하면 그 구간을 통째로 버려야 할 수도 있습니다. 이렇게 글로만 읽으면 어렵게 느껴질 수 있지만, 실제로 다듬다 보면 저절로 무엇을 포착해야 하는지 알게 될 것입니다. 다음의 몇 가지 질문들을 참고하세요.

질문1 이해를 가로막는 걸림돌이 있는가?

여기서 앨런 리틀의 '이해의 걸림돌'로 돌아가봅시다. 걸림돌을 포착하는 데 다음 질문이 도움이 될 것입니다.

· 특정 인명 또는 지명이 꼭 필요한가?

고유명사가 꼭 필요하지 않을 때도 있습니다. 예를 들어, 단순히 미국의 한 대학을 언급할 때 그 대학의 소재지까지 언급해야 할까요?

· 특정 날짜가 꼭 필요한가?

우리는 종종 필요 이상 자세한 날짜를 포함합니다. 예를 들어, 2012년에 발생한 일을 꼭 2012년 5월 9일에 발생한 일이라고 해야 할까요?

· 특정 통계가 꼭 필요한가?

요점을 뒷받침하기 위해 제시한 통계가 모두 요점과 직접 관련이 있는지 살펴봐야 합니다. 예를 들어, 한 선거에서 여당이 40%, 야당이 35%, 녹색당이 10%, 사회당이 3%, 국민당이 2%를 득표했고 1%의 유권자가 투표용지를 훼손한 경우, 투표 훼손 건수까지 언급해야 할까요? 또는 군소 정당을 모두 언급해야 할까요?

· 설명하는 데 필수가 아닌 정보를 포함하진 않았는가?

  그럴 경우, 그 내용을 뺐을 때 어떤 느낌인지 확인하세요.

질문 2　**불필요하게 복잡한 구석이 있는가?**

모든 구절이 더 짧고 단순해질 수 있는지 확인하세요.

질문 3　**내용과 의미를 훼손하지 않으면서 문장을 더 짧게 줄일 수 있는가?**

다음은 몇 가지 예입니다.

원래 문장: 이것은 다른 것과 비교해 더 작습니다.

수정 후: 이것은 다른 것보다 작습니다.

원래 문장: 저질러진 범죄와 관련해서는…

수정 후: 해당 범죄에 관해서는…

원래 문장: 이전에 출전 정지 처분을 받았던 적 있는 선수입니다.

수정 후: 출전 정지 처분을 받았던 선수입니다.

원래 문장: 영업 이익은 괄목할 만한 성장을 보였으며, 앞으로도

이러한 성장세가 계속될 것으로 기대됩니다.

수정 후: 매출이 크게 증가했습니다.

원래 문장: 중국이 결정을 내린 이상 미국은 선택의 여지가 없었다고 할 수 있습니다.

수정 후: 중국이 결정한 이상 미국은 당연히 행동에 나서야 했습니다.

조지아 서던 대학교의 수사학 및 영어학 명예 교수 리처드 노드퀴스트 박사는 한 칼럼에서 '영어에서 흔히 쓰이는 중복 표현' 목록을 공유했습니다. 노드퀴스트 박사는 우리 주위에 '무료 사은품'이나 '외국 수입품'과 같은 중복 표현이 너무 흔해서 간과하기 쉽다며, 글의 길이만 늘이는 불필요한 단어를 식별하고 제거하는 데 주의를 기울일 것을 권장합니다. 목록의 몇 가지 예는 다음과 같습니다.

- (역대) 기록
- (함께) 협력하다
- 하는 (과정) 동안
- (함께) 모이다
- (뒤로) 연기하다

3장 핵심을 확실하게 전하는 7단계 말하기 공식 (기본편) 155

감이 잡히시죠? 쓸데없는 군더더기를 다듬어 나갈수록 문장이 간결하고 명확해집니다.

원래 문장: 튀르키예 군과 다마스쿠스 정부에 반대하며 시리아 북동부 대부분을 장악하고 있는 반군 단체인 시리아 민주군 사이의 새로운 격전지로 이동해보겠습니다.
수정 후: 튀르키예 군과 시리아 북동부 대부분을 장악한 반군 사이에 충돌이 발생했습니다.

이 작업의 누적 효과는 상당합니다. 짧은 설명이어도 모든 문장을 긴축하면 시간을 절약하면서 말하고자 하는 바의 명확성을 높일 수 있습니다.

질문 4 **어렵거나 주의를 분산시킬 수 있는 요소가 있는가?**
대상 청중이 낯설게 느낄 만한 요소가 있나요? '나토 법칙'을 떠올려보세요.

질문 5 **시각 자료가 말하고자 하는 내용과 일치하는가?**
시각 자료가 내용과 직결되는지, 이어질 내용을 미리 알려주는지, 시각적 방해 요소가 없는지 확인해보세요.

질문 6 시작은 흥미진진하고 끝은 명료한 결론을 남기는가?

이 두 가지가 서로 보완하나요? 명확성와 영향력을 더 높일 수 있는지도 살펴보세요.

질문 7 해당 주제에 대한 모든 잠재적 질문을 다뤘는가?

마찬가지로, 더 알고 싶었던 부분을 충분히 이해했는지, 이해한 내용이 설명에 반영되었는지 점검해보세요.

질문 8 모든 갈래와 요소가 꼭 필요한가?

이미 수차례 점검한 질문일 테지만, 여기까지 와서도 만약 '아니다'라는 대답이 나온다면, 불필요해 보이는 요소나 갈래가 없는지 다시 한번 확인해보세요. 대개는 거의 즉시 확인 가능합니다.

다른 사람의 의견 듣기

타인의 피드백을 수렴하면 종종 말의 뉘앙스를 살리고 명확성을 더할 수 있습니다.

해당 주제에 대해 잘 알고 있더라도 정확성, 공정성, 포괄성을 늘 따져야 합니다. 전문가는 초보자의 관점을 간과하기 쉬우므로 청중의 지식수준을 너무 높게 가정하고 있지 않은지 확인해야 합니다.

동료들에게 대본을 보내면 종종 '사소한 부분이지만…'으로 시작하는 답장을 받곤 합니다. 저는 언제나 사소한 부분이 전체적인 품질을 좌우한다고 강조합니다. 앞서 우리는 신뢰성이 설명의 몰입도를 얼마나 높이는지 살펴봤습니다. 세세한 부분까지 정확하게 설명하면 신뢰도가 올라갑니다. 반대로, 오류나 모순이 하나만 있어도 신뢰도가 떨어질 수 있습니다.

타인의 눈과 귀는 스토리의 전달성을 테스트하는 훌륭한 도구입니다. 여러분이 구성한 스토리가 여러분에게는 완벽해 보여도 상대방에게는 그렇지 않을 수 있습니다.

저는 해설 영상을 함께 만드는 동료들에게 종종 '내가 전달하고자 하는 바는 X예요'라며 특정 대사를 옹호합니다. 만약 동료들이 '그런 점이 전혀 전달되지 않아요'라고 답하면 그 대사는 버리거나 고쳐 써야 합니다.

무엇보다, 피드백을 거치면 자신감이 올라갑니다. 중요한 발표를 한다면 발표의 내용과 구성 못지 않게 자신감 있게 전달하는 것도 중요합니다. 믿을 만한 제삼자에게 긍정적인 반응을 얻으면 훨씬 더 자신 있게 발표할 수 있습니다.

제 해설 영상을 만들 때도 BBC와 제 평판을 걸고 '단호한 공정성'을 내세웠습니다. 단호하려면 오해의 여지가 없어야 합니다. 진행자로서 저는 사실에 근거해 정확하게 설명하면서 당파성을 드러내지 않아야 하죠. 믿을 만한 제삼자에게 인정을 받으면 모든 걸 더 당당하게 전달할 수 있습니다.

업무 외적인 부분에서도 마찬가지입니다. 저는 까다로운 이메일이나 대화를 앞두고 제 설명이 합당한지 아내에게 물어보곤 합니다. 아내의 인정을 받으면 자신감이 붙기 때문입니다.

그때그때 피드백을 줄 사람이 없다면 그 분야에 뛰어난 사람을 찾아봐도 좋습니다. 지인 중에 해당 분야를 잘 아는 사람이 있는지 떠올려보고 탐색해보는 것도 좋은 방법입니다.

이렇게 **긴축하기** 단계가 끝났습니다. 이제 마지막 단계만 남았습니다. 내용뿐 아니라 스타일도 챙겨야 합니다.

6단계 확인해보기

- 설명문을 최대한 긴축했는가?
- 다른 사람의 의견을 살폈는가

7단계:
전달하기

인간의 커뮤니케이션은 예술과 과학의 환상적인 조합이며, 제가 처음에 제시했던 기준인 단순성, 디테일, 효율성, 정확성, 목적성, 복잡성 해결에 집중하면 빈틈없고 핵심적인 설명이 가능합니다.

　문제는 사람들이 그런 설명을 기꺼이 들으려고 할 것인지에 있습니다. 쫓기는 기분이 들거나 과부하가 걸렸다고 느끼진 않을까요? 지나치게 효율적이기만 한 건 아닐까요? 말하고자 하는 바를 요점만 전달한다면 '몸에 좋은 약은 입에 쓰다'의 설명 버전이 되지 않을까요?

　그래서 1장에서 살펴본 말하기의 조건에 '흥미 유지'라는 요소가 포함된 것입니다. 저는 7단계에 도달하기 전까지는 성공적인 설명을 장담하지 않습니다. 우리는 이미 '다이얼 테스트'를 통해 이 고려 사항을 다뤘고, '결합 구문'으로 어떻게 무서운 '급정거'를 피할 수 있는지 살펴봤습니다. 하지만 우리가 추구할 것이 더 있습니다. 여기서 저는 또 한 번 음악과 뮤지션에게서 받은 영감을 공유하고자 합니다.

1970년대 미국 로스앤젤레스에는 훌륭한 세션 뮤지션이 많았습니다. 세션 뮤지션이란 다른 뮤지션들의 공연이나 녹음 세션을 돕는 악기 연주자 혹은 보컬리스트를 말하죠. 딘 파크스는 그런 세션 뮤지션으로서 마이클 잭슨, 엘튼 존, 스티비 원더, 마돈나, 빌리 조엘과 같은 상징적인 인물들과 협업했습니다. 록 밴드 스틸리 댄이 1977년 앨범 〈아자〉를 제작할 때도 딘 파크스를 찾았습니다.

스틸리 댄은 원하는 사운드를 얻기 위해 디테일에 집착하면서도 상업성 있는 음악을 만드는 것을 목표로 삼았습니다. 〈아자〉 작업 당시 스틸리 댄은 이미 다섯 장의 앨범을 발매하여 미국 톱 40에 진입한 바 있었습니다. 〈아자〉 역시 성공을 거두었고, 그 제작 과정은 다큐멘터리 〈클래식 앨범〉에 담겼습니다. 거기서 딘 파크스는 햇살이 내리쬐는 한 수영장 옆에 앉아 스틸리 댄과의 작업 경험을 설명합니다.

"스틸리 댄의 한 가지 흥미로운 점은 그들의 목표가 완벽함이 아니라는 점입니다. 그들은 사람들이 반복해 듣고 싶어 하는 음악을 추구했습니다. 그래서 우리는 완벽함을 넘어 자연스러워질 때까지 작업했습니다. 거의 즉흥적으로 들릴 때까지요. 따라서 두 단계 과정이었어요. 우선 완벽에 도달한 뒤, 완벽을 넘어서 유연해지는 것이죠. 정밀함과 느슨함의 조화랄까요. 이 앨범이 히트할 수 있다는 사실이 흥미롭습니다."

이 대목이 저를 강타했습니다. 당시 저는 〈아웃사이드 소스〉 제작을 앞두고 논조와 어조의 측면에서 제가 달성하고자 하는 바를 정확히 설명하지 못해 애를 먹고 있었습니다. 한편으로는 이 프로그램이 다른 TV 뉴스보다 더 전문적이고 효율적이고 상세하기를 원했고, 다른 한편으로는 다른 TV 뉴스보다 더 비공식적이고, 친근하고, 자연스러운 느낌을 주고 싶었습니다. 겉으로 보기에는 이 두 가지 목표가 부딪혔지만 그렇지 않다는 것을 표현하기가 어려웠습니다. 딘 파크스는 그것을 가뿐히 해냈죠.

딘 파크스가 언급한 두 단계 과정은 제가 모든 형태의 설명을 다루는 방식과 정확히 일치합니다. 첫 번째는 1~6단계입니다. 가능한 한 완벽을 추구하는 것이죠. 그러고 나서 '유연해지는' 두 번째 과정이 필요합니다. 이 과정이 바로 7단계입니다.

《롤링 스톤》은 앨범 〈아자〉를 평론하면서 스틸리 댄이 "로큰롤의 틀에서 벗어나 다양한 록, 팝, 재즈의 요소를 섞어 더 부드러우면서 기막히게 깔끔하고 계산적으로 변주했다"고 설명했습니다. 정말이지 '부드러우면서 깔끔하고 계산적'인 이 앨범은 스탠리 댄의 다른 어떤 앨범보다 더 많이 팔렸습니다. 정밀함과 느슨함의 조화를 제대로 구현했기 때문이죠.

이 모든 게 우리의 주제에서 다소 벗어난 이야기처럼 느껴질 수 있지만, 실제로는 핵심입니다.

제 해설 영상이 막 인기를 끌기 시작했을 때, 로이터 저널리즘 연구소에서 저를 초청해 세미나를 열었습니다. 연구소의 펠로십 프로그램 부책임자인 케이틀린 머서가 진행을 맡았습니다.

"영상을 보면서 제가 알아차린 게 있어요." 케이틀린이 말했습니다. "제가 시간을 재 봤는데 약 8초마다 그래픽이 바뀌고 새로운 목소리가 나오더라고요. 거의 노래 같았어요. 혹시 계산된 것인가요?"

답은 더할 나위 없이 '예'였습니다. 저는 설명할 때 리듬을 예민하게 인식합니다. 말이든 글이든, 잘 만들어진 설명은 리듬, 개성, 유동성을 갖추고 있습니다. 이제부터 여러분의 설명이 잘 만들어졌는지 확인하는 방법을 살펴보겠습니다.

말로 해보기

설명을 잘 준비했는지 판단하는 가장 좋은 방법은 스스로 묻는 것입니다. '나라면 이런 식으로 말하겠는가?' 자문해보고 대답이 '아니다'라면 고쳐야 합니다.

흐름도 중요합니다. 이야기, 논문, 연설, 논증에는 일정한 '흐름'이 있어야 합니다. 흐름이 매끄러우면 이해하기 쉽고 정보가 자연스럽게 전달됩니다. 말에 자연스러운 논리와 리듬이 생깁니다. 반대로 흐름이 어긋나면 말의 앞뒤가 맞지 않거나 리듬이 끊겨서 맥락을 놓치게 됩니다.

일상 속에서 우리는 어떤 것이 말이 되고 안 되는지 능숙하게 분별합니다. 본능과 경험을 토대로 커뮤니케이션의 흐름이 원활한지 아닌지를 인지합니다. 여기서 우리는 말로 해보기를 통해 이러한 본능을 사용할 수 있습니다.

말로 해보는 것은 글쓰기 과정에서 중요한 단계입니다. 구두 설명이든 서면 설명이든, 눈으로 읽는 것보다 소리 내어 말하는 것이 훨씬 효과적입니다. 여기서 중요한 것은 설명을 이루는 핵심 메시지나 사실, 구조가 아니라 전체 내용이 매끄럽게 연결되도록 하는 것입니다. 이 연습을 통해 걸림돌이나 정확성, 강조할 점을 포착할 수 있습니다. 다음을 점검하세요.

· 나답게 들리는가?

그렇지 않다면 나답게 들리도록 조정할 수 있는 부분이 있는지 점검해보세요.

· 각 문장이 논리적으로 다음 문장으로 넘어가는가?

그렇지 않다면 첫 문장의 끝이나 다음 문장의 시작을 조정하여 더 잘 연결되게끔 하세요.

· 각 문장의 흐름이 자연스러운가?

그렇지 않다면 흐름을 방해하는 요소를 집어내고 그 요소가 왜
방해가 되는지 확인하세요.

각 조정이 끝나면 다시 소리 내어 읽어 보세요. 그래도 어색
하면 자연스러워질 때까지 계속 시도하세요.

전달력을 떨어뜨리는 이러한 요인들을 제거하면 훨씬 더
명확하고 자신 있게 전달할 수 있습니다.

위에서 아래로 반복하기

다시 한번 소리 내어 읽어 보세요. 정비를 마친 자전거 바퀴처럼
설명이 부드럽게 이어지나요? 그렇지 않다면 문제의 원인은 무
엇일까요? 걸리적거리는 단어가 있나요? 그 단어를 바꾸고 다
시 한번 읽어 보세요.

서면 설명이라면 작업이 완료되었으니 바로 사용할 수 있
습니다. 구두 설명이라면 좀 더 나아가야 하죠. 먼저, 강연이나
프레젠테이션에 시각적 요소를 사용할 경우 고려할 점을 살펴
봅시다.

시각적 요소 배치

4단계에서 여러분은 설명에 포함할 시각적 요소의 초기 목록을 만들었습니다. 이제 그것을 다시 살펴볼 차례입니다. 어떤 요소를 어떻게 배치할지 결정해야 합니다.

여러분의 대본과 시각적 요소 목록을 열고 대본에서 해당 요소가 있어야 할 위치에 표시를 시작하세요. 이때 두 가지를 명심해야 합니다.

첫째, 항상 이어질 내용을 고려하세요. 이미지는 말하는 내용과 직결되어야 합니다. 어떤 시각적 요소는 설명의 상당 구간에 걸쳐 효과가 있고, 어떤 시각적 요소는 명시적으로 언급하는 순간에만 효과가 있습니다. 저는 항상 시각적 요소가 설명을 제대로 보조하는지 주의를 기울입니다.

둘째, 타이밍이 중요합니다. 정확한 타이밍은 시각적 요소의 효과를 높입니다. 이 부분은 특히 〈아웃사이드 소스〉 제작 초기에 제가 많은 공을 들인 부분입니다. 앞서 언급했듯이 이 프로그램의 콘셉트는 어떤 형태로든 필수 정보를 모두 수집하여 하나의 스토리로 엮어내는 것이었습니다. 문제는 시각적 요소가 너무 많아서 잘못된 타이밍에 띄우면 일관성을 잃고 산만해진다는 것입니다.

수년 동안 우리는 터치스크린을 사용해 시각 자료를 띄웠고, 타이밍을 정확하게 맞추기 위해 대본에 지침을 넣었습니다.

166

다음은 간단한 가상의 예입니다.

예시

인트로

파리에서 대규모 시위가 벌어졌습니다.

지도

이 지도에서 보시는 바와 같이 개선문 일대에서 벌어지고 있는데, 무력 충돌도 있었습니다.

이미지

로이터 통신 기자가 찍은 현장 사진입니다. 일반 경찰의 모습이 보입니다.

이미지

다음 사진에서는 진압 경찰도 보입니다. 파리 시장이 파견한 경찰입니다.

인용

…는 시위대를 '폭도'라고 지칭했습니다.

영상

보시다시피 거리에 시위 인파가 점점 늘어나고 있습니다.

이렇게 시각 자료를 보여줄 시점에 딱 맞춰 지침을 넣는 것입니다. 말과 시각적 요소는 같은 목적을 향해 협력하면서 말하는 내용의 영향력을 극대화합니다. 또한 스토리에 추진력을 더할 수 있습니다.

가령 프레젠테이션으로 회사의 연혁과 함께 5년 분기별 수익을 보여주고 싶다고 합시다. 모든 정보를 한꺼번에 배치하면 스토리의 극적인 부분이 많이 사라집니다. 그 대신 다음과 같이 구성할 수 있습니다.

예시

날짜를 나타내는 그래픽

저는 2008년 12월에 회사를 설립했습니다. 처음에는 작은 규모였습니다.

2010년 수익 그래픽

2010년 수익은 5만 파운드였습니다. 우리는 이를 재투자했고 더 많은 자금을 빌렸습니다. 2015년에는 유럽 전역으로 사업을 확장했고, 수익은…

2015년 수익 그래픽

⋯150만 파운드에 이르렀습니다. 빚을 갚고, 직원을 더 고용했으며⋯

기존 본사 사진

⋯웨스트 런던의 작은 사무실에서⋯

새 본사 사진

⋯훨씬 더 큰 사무실로 이전했습니다. 그리고 2020년에는 수익이⋯

2020년 수익 그래픽

5백만 파운드에 달했습니다. 우리가 상상한 것보다 훨씬 더 큰 성공을 거두었죠.

각 요소는 다음 요소로 나아가며 전달하고자 하는 정보를 뒷받침하고 청중을 스토리에 끌어들입니다.

이렇게 하면 시각적 요소와 슬라이드가 상당히 늘어나겠지만, 그렇다고 프레젠테이션 시간이 길어지는 것은 아니며 그저 시각적 요소가 말하는 내용을 훨씬 더 세밀하게 뒷받침한다는 뜻입니다.

요소를 배열한 뒤에는 대본에 따라 말하는 연습을 해보세요. 말과 시각적 요소가 일치하나요? 그렇지 않다면 일치할 때까지 계속 다듬어 나가세요.

마지막으로, 불필요한 효과음과 애니메이션은 피하세요. 그런 효과는 그저 주의를 산만하게 하며 겉모양에 치중했다는 인상을 줄 수 있습니다. 여러분이 말하고 보여주는 내용이 알차고 유익하다면 청중은 그런 효과 없이도 관심을 기울일 것입니다.

이쯤 되면 이제 전달할 준비가 얼추 되었습니다. 여러 번 읽어 흐름을 확인했고, 매끄럽지 못한 요인들을 모두 제거했으며, 필요한 시각 자료를 타이밍에 맞춰 배치했습니다.

대본, 글머리표, 암기

대본

지금까지 설명문, 즉 대본을 완성했습니다. 격식 있는 연설이나 형식적인 발표라면 단어 하나 안 바꾸고 그대로 전달할 수 있습니다. 하지만 이것이 최선인지 신중하게 생각해보세요. 텔레프롬프터가 없다면 아무리 잘 읽어도 대본을 읽고 있다는 사실을 숨기기 어려울 것입니다.

대본을 그대로 읽는 것은 나름의 장점이 있습니다. 언어의 정확성, 명확성, 말하는 시간을 완벽히 통제할 수 있습니다. 하지만 주의해야 할 점과 단점도 있습니다.

우선 현실적인 어려움입니다. 페이지를 내려다보면 단어의 바다와 마주하게 되므로 제자리를 빠르게 찾기가 어렵습니다. 긴장되는 상황에서는 더욱 그렇습니다. 발표에 숙련된 사람이라도 순간적으로 제자리를 찾지 못해 당황하게 되고, 이로 인해 말의 리듬이 끊길 수 있습니다. 대본을 읽어야 하는 경우 다음을 점검하세요.

- 글자 크기가 적당한가?

  대본의 목적은 오직 말하기를 돕는 것입니다. 글자가 잘 보이도록 크기를 키우세요. 물론 글자가 클수록 페이지를 넘기는 횟수가 많아지겠지만, 곧 자신에게 맞는 크기를 파악할 수 있을 것입니다.

- 줄 간격이 적당한가?

  책처럼 줄 간격이 작은 경우 글에서 특정 지점을 찾기가 더 어렵습니다. 저는 대본 그대로 읽는 경우 워드 기준 1.5 줄 간격을 선호합니다.

- 소제목을 추가했는가?

  대본의 각 영역에 소제목을 달면 빠르게 위치를 찾아야 할 때 매우 유용합니다. 도움이 되는 만큼 추가하세요.

상황에 따라 대본을 충실히 따라야 할 때도 있지만, 그러면 너무 형식적이어서 소통에 제약이 될 수도 있습니다. 이 점에서 글머리표 방식이 더 유용할 수도 있습니다.

글머리표

대본을 그대로 읽는 것은 편안할 수는 있지만 설명의 전달력을 향상하지는 않습니다. 단 핵심 단어가 포함된 글머리표를 이용하면 전달력을 높일 수 있습니다.

우선 전체 대본을 새 문서에 붙여넣고 각 영역을 글머리표로 줄여봅시다. 무슨 말을 해야 할지 기억하는 한에서 글자를 얼마나 제거할 수 있나요? 해당 영역을 기억하기에 좋은 핵심 단어는 무엇인가요?

이제 정리된 글머리표로 연습해보세요. 연습을 거듭하며 익숙해지면 처음보다 글머리표가 줄어들 것입니다. 처음부터 전체 설명을 한꺼번에 소화하려고 하지 말고, 글머리표를 보면서 각 영역을 따로 연습하세요. 각 영역에 익숙해지면 두 영역을 연결해보세요. 그렇게 영역을 추가하며 연습하세요.

글머리표는 유창하고 정확한 설명을 위한 보조 도구일 뿐입니다. 이번에는 청중에게 연설한다고 상상하고 글머리표를 되도록 덜 보며 설명해보세요. 대본에 전적으로 의지할 때보다 더 힘들겠지만, 대본 없이 말하려고 노력할수록 훨씬 더 자연스럽게 문장을 구성할 수 있습니다. 전체 대본 대신 글머리표를 보면서 말하면 핵심 문구를 둘러싼 단어들이 자연스럽게 변화하여 더욱 유창한 느낌을 주게 됩니다. 대본을 읽는 것이 아니라 청중에게 말하는 것처럼 들릴 것입니다. 자신감, 명확성, 통제력, 일관성을 지니고 중요한 내용을 전달할 수 있습니다.

또한 연습을 하다 보면 시선을 자연스럽게 내릴 순간을 파악할 수 있습니다. 시선을 내리는 순간 글머리표가 설명의 목적과 몰입도를 잃지 않도록 도와줍니다.

저는 글머리표 애호가입니다. 중요한 프레젠테이션부터 생방송 리포팅, 준비할 시간이 거의 없는 강연에 이르기까지 늘 글머리표를 사용합니다. 정확성과 유창함을 동시에 잡을 수 있기 때문입니다.

다음은 제가 글머리표를 작성하는 방법의 예시입니다. 보리스 존슨이 영국 총리직에서 물러나겠다고 발표한 지 얼마 지나지 않은 2022년에 한 언론 콘퍼런스에서 했던 강연의 일부입니다. 여러 이유로 저는 대본을 충실히 따르기로 했습니다만, 좀 더 비공식적인 자리였다면 분명 글머리표를 사용해 이렇게 준비했을 것입니다.

내가 하고 싶은 말

이 자리에서 여러분에게 뉴스의 미래에 대해 이야기할 수 있어서 기쁩니다. 우선 7월 6일 수요일로 돌아가서 이야기를 시작하겠습니다. 따뜻한 여름날 저녁이었고 저는 다우닝가에 서 있었습니다.

몇 미터 떨어진 곳에 10번지의 유명한 검은 문이 있었고, 그 문 뒤에 보리스 존슨이 있었습니다 다우닝가 10번지는 영국 총리 관저다—옮긴이. 당시 존슨 총리는 심각한 정치적 곤경에 처해 있었습니다. 많은 측근이 그가 사퇴하기를 바랐고, 우리 모두 그가 정말 물러날 것인지 알고 싶었습니다.

물론 그 당시에 저는 답을 알 수 없었습니다. 다음 날 아침 존슨 총리가 압력에 굴복할 줄은 정말 몰랐습니다.

훗날 역사가들은 그의 퇴진이 불가피했다고 여길지 모르지만, 그 극적인 수요일 밤 불 켜진 창문을 바라보며 다우닝가에 서 있던 저에게는 그런 선견지명이 없었습니다. 하지만 저는 다양한 측면을 알고 있었습니다. 보수당원들의 입장, 고위 언론인들의 보도 내용, 존슨 총리의 잔류 또는 퇴진 절차, 그가 곤경에 처한 장기적인 이유도 이해하고 있었습니다. 앞으로 어떤 상황이 전개되든 저는 기자로서 유연하게 대응할 수 있었습니다.

174

첫 번째 글머리표

여기서 저는 문장의 요지를 파악하는 데 불필요한 단어와 제가 잊지 않으리라고 확신하는 정보를 제거했습니다. 예를 들어 '이 자리에서 이야기할 수 있어서 기쁘다'라는 말은 확실히 기억할 겁니다!

인트로

- 뉴스의 미래에 관해 이야기하고자 함
- 7월 6일 수요일, 따뜻한 여름날 저녁, 다우닝 스트리트
- 10번가의 유명한 검은 문, 정치적 곤경에 처한 보리스 존슨
- 많은 측근이 그가 사퇴하기를 바람, 그가 정말 물러날까?

내 상황

- 다음 날 아침 존슨 총리가 정말 사퇴할 줄 몰랐음
- 역사가들, 불가피
- 다우닝가, 불 켜진 창문, 수요일 밤

내가 아는 것

- 보수당원들의 입장
- 고위 언론인들의 보도 내용
- 보리스 존슨의 잔류 또는 퇴진 과정
- 그가 곤경에 처한 장기적인 이유

・어떤 상황이 전개되든 기자로서 유연하게 대응할 수 있음

이쯤 되면 강연 내용을 여러 번 연습했을 것입니다. 제가 말하고자 하는 내용이 매우 익숙합니다. 그래서 글머리표에 남은 몇 가지 핵심 단어만으로 강연을 진행할 수 있습니다.

예시

인트로

・7월 6일 수요일, 다우닝가

・그가 정말 물러날까?

상황

・다음날 아침 사퇴

・불가피?

내가 아는 것

・보수당원들

・언론인들

・절차

・장기적

・유연하게 대응

여기서 만약 제가 컨디션이 정말 좋다면 '7월 6일', '상황', '내가 아는 것' 이 3가지 항목만으로도 제가 하고 싶은 모든 말을 할 수 있습니다. 글머리표만 참고하며 각 영역을 유창하게 말할 수 있는지, 글머리표를 추가하거나 삭제하면 더 나은지, 자신감 있게 시선을 처리할 수 있는지 점검하면 끝입니다.

암기하기

대본이나 글머리표를 사용하지 않고 전체 내용을 암기하는 세 번째 선택지도 있습니다. 메모 한 장 없이 긴 설명을 하기란 상당히 어렵습니다. 배우가 대사를 외우듯이 대본을 달달 외우는 방식은 추천하지 않습니다. 그보다 실용적인 방식은 글머리표를 준비한 다음 요점과 주변 내용을 모두 외우는 것입니다.

통암기는 설득력 있는 설명으로 이어질 수 있지만, 통암기가 꼭 필요하지 않다면 글머리표를 사용하는 것이 더 간단하고 효과적입니다.

그런가 하면 어떤 메모나 통암기 없이 말할 수 있는 기법이 있습니다.

시각적 보조 자료

파워포인트 슬라이드와 같은 시각적 보조 자료를 이용하면 메

3장 핵심을 확실하게 전하는 7단계 말하기 공식 (기본편)   177

모 없이도 훨씬 수월하게 말할 수 있습니다. 슬라이드가 글머리표의 기능을 하기 때문입니다. 하지만 슬라이드에 의존하는 것에도 위험이 있습니다.

좋은 설명은 목표를 향해 물 흐르듯 흘러가야 합니다. 슬라이드를 넘길 때마다 말이 멈추면 설명의 흐름이 끊기고 전달력이 떨어질 수 있습니다. 슬라이드를 보고서야 할 말을 떠올리는 듯한 발표자의 태도는 그다지 매력적이지 않습니다.

슬라이드를 보며 말할 때는 다음에 어떤 내용이 나올지 알고 있어야 합니다. 슬라이드는 말하고자 하는 바를 보조하는 도구일 뿐이지 설명의 원동력이 되어서는 안 됩니다.

이 방식을 선택했다면 슬라이드를 통해 말하는 연습을 해보세요. 연습하다 보면 순서가 익숙해져서 슬라이드에 의존하지 않고 자신 있게 말할 수 있게 될 것입니다.

대본을 사용할지, 글머리표를 사용할지, 기억에 의존할지 결정했다면 '어떻게' 전달할지를 결정한 것입니다.

속도

전달 방식을 조정하는 방법은 다양합니다. 먼저 자신의 속도를 고려하세요. 라디오 진행자로 활동하던 초기에 저는 청취자를 사로잡고 싶은 욕심과 정보를 더 많이 전달할수록 좋다는 생각에 빠르게 말하곤 했습니다. 하지만 잘못된 계산이었고, 아마 청취자들은 제 말을 따라잡기 힘들었을 겁니다.

문제를 자각한 저는 같은 어조로 말하되 속도를 늦춰 보았습니다. 그랬더니 주제에 몰입하는 느낌은 유지하면서 청취자가 정보를 흡수할 여유가 생겼습니다.

또한, 효율적으로 말하는 데 집중해서 정보를 여유롭고 효과적으로 전달할 수 있었습니다. 말하는 속도를 늦추니 호흡이 개선되고 목소리에 권위가 실렸습니다. 그로써 진행이 전반적으로 개선되었습니다.

자신에게 적합한 속도와 어조를 찾는 것이 좋습니다. 스스로 녹음해서 들어보거나 다른 사람에게 피드백을 요청해보세요. 스스로 녹음해서 들어볼 때는 유지할 점과 변경할 점을 둘 다 기록해 두세요. 개선이 필요한 부분에만 집중하지 말고 이미 잘하고 있는 부분도 인식하여 계속 실천해야 합니다.

만족스러운 속도와 어조를 정했다면 가끔 속도에 변화를 주는 것도 매우 효과적일 수 있습니다.

강조 기법

요점을 강조하면 좋습니다. 속도, 잠시 멈춤, 강세를 활용하여 가장 중요한 부분을 강조하세요. 예를 하나 들겠습니다.

이러한 매출 감소는 이미 예견된 일이었습니다. 협회는 다음과 같은 성명을 발표했습니다. "이런 일이 벌어져서 매우 실망스럽지만, 이는 규제 도입 이후 예상할 수밖에 없는 결과였다. 우리는 **법적 조치**를 취할 것이다." 그리고 공개된 수치를 보세요. 재작년에 이 부문의 매출은 **1억 파운드였는데 작년에는 천만 파운드였습니다.**

인용문의 첫 부분은 비교적 예측 가능합니다. 저라면 이 부분을 빠르게 읽고 굵은 글씨로 표시된 중요한 정보를 또박또박 천천히 읽겠습니다. 이번에는 같은 예문에 속도의 변화까지 표시해보겠습니다.

[정상 속도로 시작] 이러한 매출 감소는 **이미** 예견된 일이었습니다. 협회는 다음과 같은 성명을 발표했습니다. [잠시 멈춤, 빠르게] "이런 일이 벌어져서 매우 실망스럽지만, 이는 규제 도입 이후 예상할 수밖에 없는 결과였다. [다시 정상 속도] 우리는 **법적 조치**를 취할 것이다." [잠시 멈춤] 그리고 공개된 수치를 보세요. 재작년에 이 부문의 매출은 [천천히] **1억 파운드였습니다. 작년에는** [잠시 멈춤] **천만 파운드였습니다.**

지침을 따라 읽어 보면 속도와 강세의 변화에 따라 전달력이 올라가는 걸 느낄 수 있습니다.

물론 설명할 때마다 이렇게 세세한 지침을 따라야 하는 것은 아닙니다. 하지만 가장 중요한 정보가 무엇인지, 그것을 어떻게 강조할지 고려할 가치가 있습니다.

대본 표시

누구나 긴장하면 호흡이 짧고 거칠어집니다. 그러면 호흡을 더 자주 하느라 전달력이 떨어질 수 있습니다. 긴장되든 안 되든 어떻게 전달할지 미리 계획하면 통제력과 자신감이 올라갑니다. 문장을 짧고 간결하게 만드는 것이 우선이지만 대본 표시 기법을 사용하면 더욱 효과적입니다. 방법은 다음과 같습니다.

/ 잠시 멈춤

자연스럽게 끊어 읽게 되는 지점에 모두 표시할 필요는 없습니다. 하지만 특정 지점에서 멈추지 않으면 호흡이 가빠질 수 있습니다. 그 지점에 숨을 고르라는 의미로 슬래시를 넣습니다.

집은 사람이 살 수 없는 상태였습니다. 습기가 차고, 창문이 깨지고, 지붕이 새고, 악취가 났습니다. / 할 수 없이 우리는 집을 허물고 다시 짓기로 했습니다.

// 강조를 위한 멈춤

저는 강조를 위해 잠시 멈추고 싶을 때 슬래시를 두 개 넣습니다. 일반적으로 끊어 읽을 때보다 좀 더 길게 멈춥니다.

우리는 스스로에게 몇 가지 질문을 던져야 했습니다. // 자금이 있는가? // 인맥이 있는가? // 배짱이 있는가? //

──→ 계속 말하기

엉뚱한 지점에서 멈추면 흐름, 리듬, 호흡이 끊길 수 있습니다. 멈추지 말고 계속 말해야 하는 지점 아래 화살표를 넣으세요. 이때 계속 말하지 않고 멈추면 뒤에서 호흡이 가빠질 수 있습니다.

이 지역은 아름답지만, 세 가지 문제가 있습니다. 강이 오염되고, 밭이 오염되고, 공기가 오염되었다는 것입니다.

___ 강조를 위한 밑줄

강조가 필요한 단어를 밑줄로 표시하세요.

프로젝트 비용이 50퍼센트 증가했습니다.

구두로 설명할 때마다 일일이 대본 표시 작업을 거쳐야 하는 것은 아닙니다. 경험이 쌓이면 자연스럽게 리듬이 생길 것입니다. 하지만 표시 작업은 글을 말로 어떻게 전달할지 계획하는데 매우 유용합니다. 저는 특히 어렵거나 중요한 부분은 미리 표시해서 연습합니다. 속도, 잠시 멈춤, 강세를 실험해본 뒤 만족스러우면 표시를 하고 반복해서 설명해봅니다. 그러면 그 흐름에 익숙해져서 실전에서는 표시한 대본이 필요하지 않을 수도 있습니다.

버벅거림

지금까지 모든 작업을 제대로 수행했더라도 특정 문구나 단어가 매끄럽게 발음되지 않을 수 있습니다. 이는 버벅거림이나 불안감을 유발해 해당 내용을 전달하는 데 영향을 미칩니다. 아나운서들은 종종 어려운 단어를 정확하게 발음하는 데 집중한 나머지 뒤에 오는 단어를 더듬고 맙니다.

　그렇다면 해당 문구나 단어가 매끄럽게 나올 때까지 반복해서 연습하거나, 가능하면 다른 문구나 단어로 변경할 수 있습니다. 문제를 벗어나는 것이죠.

　저는 라디오 뉴스를 진행할 때 당시 이란 대통령 마무드 아마디네자드 이름을 발음하느라 애를 먹었습니다. 연습할 때는 문제가 없는데 스튜디오에만 들어가면 이름이 나오기 직전이나 직후에 번번이 말을 더듬었습니다.

저는 문제를 벗어나기로 했습니다. 대본에 그 이름이 나올 때마다 그를 '이란 대통령'이나 '이란의 리더'로 지칭했습니다. 제가 아는 한 아무도 눈치채지 못했고, 저는 관련 내용을 더 자신 있게 전달할 수 있었습니다. 얼마 지나지 않아 이 문제에 대한 거부감이 사라졌고, 저는 가끔 '마무드 아마디네자드'를 무리 없이 언급할 수 있었습니다.

잠재적 걸림돌을 제거함으로써 문제에서 벗어나는 것은 유용한 방법입니다. 청중은 여러분이 말한 내용만 알 뿐, 여러분이 말하려고 했던 내용은 알 수 없습니다. 전달해야 할 필수 정보를 훼손하지만 않으면 됩니다.

시간 준수

이 점은 아무리 강조해도 지나치지 않습니다. 주어진 시간에 맞춰 설명할 수 있다고 확신하면 신경 쓸 일이 한 가지 줄어듭니다. 시간 초과를 방지하려고 너무 빠르게 말하거나 중요한 정보를 내버릴 위험도 줄어듭니다. 따라서 준비한 모든 내용을 자신 있게 전달할 수 있습니다.

그런데 제한 시간을 정확하게 맞추기는 생각보다 어렵습니다. 이는 경험에서 나온 조언입니다.

대본 리딩 시간을 예측하는 것은 제 업무상 흔한 일입니다. 저는 뉴스 데스크에 앉아 스톱워치를 켜고 대본을 읽은 뒤 제작진에게 소요 시간을 알립니다. 하지만 그들은 제가 실제 방송에서 대본을 더 느리게 읽는 경향이 있다는 걸 압니다. 즉 3분을 예상했는데 4분이 걸릴 수 있다는 뜻입니다. 예상 시간을 현실적으로 파악하는 것은 매우 중요합니다.

저는 대중 앞에서 말할 때 제한 시간을 엄수해서 시간을 초과하는 경우가 거의 없지만 시간을 잘못 예측하면 얼마나 위험한지 실감한 일이 하나 있었습니다.

코펜하겐에서 열린 콘퍼런스에서 연설하게 되었을 때입니다. 저는 이 책에서 제시한 모든 준비 과정을 거쳤고 미리 시간을 측정해보니 주어진 연설 시간과 딱 맞아떨어졌습니다.

그런데 한창 연설하고 있을 때 사회자가 정중하게 끼어들어 "슬슬 마무리해주셔야 할 것 같습니다."라고 말했습니다. 저는 두 가지 일반적인 함정에 빠진 것이었습니다. 우선 호텔 방에서 편안하게 대본을 줄줄 읊을 때보다 속도가 느려졌고, 격식에 얽매이지 않고 좀 더 유연하게 말하려다 말이 길어졌죠. 결국 저는 남은 시간이 모자라서 연설의 결론을 버려야 했습니다.

무엇보다 속이 상한 것은 미리 시간을 줄일 수 있었음에도 그럴 필요를 미처 깨닫지 못했다는 사실이었습니다. 설명의 길이를 측정하되 되도록 약간의 여유를 둬야 한다는 것을 다시 한 번 깨달았습니다.

주변 환경에 익숙해지기

대학 시절 BBC 5 라이브의 〈업 올 나이트〉를 들으면서 글로벌 뉴스 기자가 되겠다는 야망을 키웠던 저는 10년 후 기쁘게도 해당 프로그램의 프로듀서로 일하고 있었고, 어느 주말에 메인 진행자 한 명을 커버해달라는 요청을 받았습니다. 거절할 수 없는 요청이었습니다. 저는 이 쇼에 처음 출연할 뿐 아니라 BBC에서 처음으로 진행을 맡게 된 것이었습니다.

그런데 그 뜻깊은 날이 다가올수록 엄청난 불안에 휩싸였습니다. 특히 쇼의 도입부, 음악의 타이밍, 뉴스로의 전환 등을 매끄럽게 처리할 자신이 없었습니다. 제 긴장을 감지한 아내가 스튜디오에서 연습해보라고 제안했습니다. 그래서 저는 쉬는 날 스튜디오 하나를 예약했고, 그곳에 도착하자마자 쇼의 시작부터 끝까지 흐름이 익숙해질 때까지 반복해 연습했습니다. 그리고 컴퓨터와 마이크 위치, 메모장을 둘 위치, 유리 너머 동료들을 볼 수 있는 위치까지 눈에 익혔습니다.

실제 방송 당일, 저는 스튜디오에 일찍 도착했고, 인내심 있는 음향 엔지니어들의 허락하에 몇 번 더 리허설을 거쳤습니다. 물론 여전히 긴장되고 도입이 완벽하지는 않았지만, 익숙한 환경 덕분에 서서히 긴장이 풀려 무사히 첫 진행을 마칠 수 있었습니다.

10년 후, 2013년 독일 대선을 위한 생방송 TV 토론 진행을 맡았을 때도 비슷한 도전에 직면했습니다. 대규모 예산이 투입된 프로덕션이었고, 총 다섯 대의 카메라가 있었습니다. 베를린의 독일역사박물관 안뜰에서 약 100명의 청중이 모인 가운데 생방송으로 진행되기에 실수할 여지가 없었습니다.

그 전날 저는 5 라이브 스튜디오에서의 경험을 떠올리며 촬영 장소에 적응하기로 했습니다. 세트가 설치되는 동안 그 자리에서 대본 작업을 했고, 완성된 세트장에서 프로듀서들과 논의하며 리허설을 했습니다. 촬영장이 내 집처럼 익숙해지는 것이 목표였습니다. 그리고 다음 날, 감독이 큐 사인을 외칠 때 긴장감과 통제감을 동시에 느끼며 생방송의 포문을 열었습니다.

저는 언제나 비슷한 접근 방식을 따릅니다. 말할 장소에 미리 가볼 수 없더라도 최대한 현장을 파악하려고 합니다. BBC 집행위원회에서 발표하게 되었을 때는 당일까지 회의장을 미리 볼 수 없었기에 관계자에게 회의장의 설비부터 발표자의 위치와 동선까지 자세히 물었습니다.

모든 연설에 이 과정이 꼭 필요하다는 것은 아닙니다. 장소를 미리 파악하지 않아도 훌륭하게 말하는 경우도 많습니다. 하지만 주변 환경에 익숙해지면 마음이 편해지고 자신감이 붙기 마련입니다.

편안한 옷차림

옷차림이 편안하고 만족스러우면 커뮤니케이션에도 긍정적인 영향을 미칩니다.

저에게 편안한 옷차림은 단순히 보기 좋게 보이는 것뿐 아니라 말할 때 방해 요소를 없애고 집중력을 유지하는 데 도움이 됩니다. 얼마 전까지 저는 직장에서 입을 옷을 고를 때 자신감이 거의 없었습니다. 그러다 보니 남들 앞에서 말할 준비를 하거나 실제로 말할 때 옷에 신경이 쓰이곤 했죠. 그러다가 최근에 재능 있는 스타일리스트의 도움을 받아 짙은 푸른색 계열 옷을 선호하게 되었습니다. 물론 모든 사람이 스타일리스트의 도움을 받을 수 있는 것은 아니고 저보다 패션 감각이 뛰어난 분도 많겠지만, 자신이 직면할 수 있는 다양한 상황에 가장 적합한 옷차림이 무엇인지 알아 두면 좋습니다.

특정 상황에 맞는 서너 가지 의상을 준비해두면 중요한 순간을 앞두고 시간 낭비와 스트레스를 줄일 수 있습니다. 어떤 옷이 자신에게 가장 잘 어울리는지 모르겠다면 지인에게 조언을 구해보세요.

이제 주변 환경에 익숙해지고 복장이 정해졌다고 합시다. 여기서 저는 항상 한 가지 추가 단계를 거칩니다.

손동작 계획 세우기

손동작은 설명을 강화할 뿐 아니라 방해 요소를 제거하기도 합니다. 다만 계획이 없으면 손이 제멋대로 움직여 산만해질 수 있습니다.

먼저 어느 쪽 손을 사용할지 고려하세요. 저는 오른손잡이라서 오른손을 더 많이 씁니다. 왼손은 책상이나 강단 위에 얹거나 마이크 또는 프레젠테이션용 리모컨을 쥐고 오른손으로 손동작을 합니다. 아이들과 이야기할 때처럼 잡을 것이 없으면 두 손을 앞으로 모읍니다. 면접을 볼 때는 두 손을 무릎에 얹고 필요할 때만 오른손으로 강조합니다. 미리 손동작 계획을 세우면 상황에 따라 손을 어떻게 처리할지 알 수 있습니다.

이 모든 것은 규정이 아닙니다. 저에게 편한 것이 여러분에게는 편하지 않을 수 있습니다. 다만 여러분도 어떤 발표자를 보고 '저 사람은 손을 왜 자꾸 저렇게 하는 걸까'하고 생각해본 적 있을 겁니다. 지나친 손동작은 집중력을 방해할 수 있습니다.

손동작은 구두점 역할을 할 수도 있습니다. 예를 들어 손을 왼쪽, 앞쪽, 오른쪽으로 뻗어 세 가지 요점을 표시할 수 있습니다. 또한 '이 모든 요소'라고 말하면서 손을 오른쪽으로 가로지르거나, '잠깐만요, 이 시점에서 이게 왜 그렇게 중요할까요?'라고 말하면서 청중을 향해 손을 펼치듯 내밀어 말하려는 바를 강조할 수 있습니다.

다양한 손동작을 실험해보면서 자연스러운 느낌을 찾되, 남발하지 않도록 주의하세요. 너무 잦거나 의식한 것처럼 보이는 손동작은 진정성을 떨어뜨립니다. 하지만 절제해서 사용하면 전달력을 극대화할 수 있습니다.

자세

말할 때의 자세는 자신과 상대방이 느끼는 편안함에 큰 영향을 미칠 수 있습니다. 핵심은 낯설거나 격식을 차려야 하는 상황에서도 일상적인 자세를 유지하는 것입니다.

모임이나 사무실에서 누군가와 대화할 때 어떻게 서 있는지 생각해보세요. 약간 비대칭으로 서 있을 것입니다. 지나친 정자세는 안정감과 편안함을 앗아갑니다. 무슨 뜻인지 잘 모르겠다면 당장 두 발을 평행하게 맞추고 서 보세요. 어떤 느낌인가요? 이제 평소 서 있을 때처럼 살짝 짝다리를 짚고 서 보세요.자세가 더 견고하고 편안하게 느껴질 것입니다.

가슴의 위치도 마찬가지입니다. 우리는 대화할 때 자연스럽게 몸을 비스듬히 기울입니다. 대중 연설에도 그런 자연스러운 본능을 따르면 연설자도 청중도 편안한 느낌을 받습니다.

저는 현장에서 보도할 때마다 이 원리를 적용합니다. 카메라가 사람이라고 상상하고 사람과 대화하듯이 몸에 익은 자세를 잡습니다. 그러면 좀 더 자연스럽고 진정성 있게 보도할 수 있습니다.

마지막으로 동선을 고려하세요. 수년 동안 저는 터치스크린과 함께 뉴스를 진행했습니다. 화면이 너무 커서 일부 기능을 사용하려면 걸어서 이동해야 했습니다. 문제는 이동 자체가 아니라 목적지가 명확하지 않을 때 발생합니다. 정처 없이 서성이면 자신감이나 목적성이 부족하다는 인상을 줄 수 있습니다. 반면에 목적이 뚜렷하고 의도적인 움직임은 신뢰감을 줍니다. 자유롭게 움직일 수 있는 장소에서 발표한다면 되도록 미리 동선을 계획하고 연습을 통해 스스로 편안하게 말할 수 있는 지점을 파악하세요. 대부분 한 자리에 머물러야 하더라도 동상이 될 필요는 없습니다. 대화할 때처럼 발과 몸을 자연스럽게 움직이세요.

이제 준비가 막바지에 이르러 종합 점검만이 남았습니다.

리허설의 중요성

리허설은 많이 할수록 좋습니다. 리허설을 충분히 거치면 설명이 간결하고 명확해지고, 단어가 입에 붙으며, 전달이 익숙하고 편안하게 느껴지는 지점에 도달하게 됩니다. 리허설 점검 목록은 다음과 같습니다.

· 영역별로 말해봅니다.

· 처음부터 끝까지 말해봅니다.

· 마음에 들지 않는 부분이 있으면 다시 말해봅니다.

· 제한 시간 내 여유가 있나요?

· 가능한 한 실제 환경을 재현해보세요. 책상이나 강단까지 어떻게 걸어갈 것인지도 고려하세요.

· 녹음해서 들어봅니다(중요한 설명일 경우 분명 개선할 부분을 발견할 수 있을 것입니다.)

이렇게 7단계 전달하기까지 모두 마쳤습니다.

7단계 확인해보기

· 내용과 전달 방식을 완벽히 숙지했는가?

· 리허설을 거쳤는가?

여기까지 오느라 정말 고생하셨습니다. 그 보상으로 훌륭히 말할 수 있는 만반의 준비가 되었을 것입니다. 7단계 설명 공식을 다시 한번 개괄하겠습니다.

1단계: 구상하기

2단계: 정보 수집하기

3단계: 정보 추출하기

4단계: 정보 정리하기

5단계: 정보 연결하기

6단계: 긴축하기

7단계: 전달하기

저는 '어떻게' 말하느냐가 '왜' 말하느냐 못지않게 중요하다고 생각합니다. 그래서 여러분에게 7단계 과정을 통해 커뮤니케이션 방식의 다양한 측면을 고려하길 권하는 것입니다. 일부는 저절로 이뤄지겠지만 일부는 체계적으로 밟아 나가야 합니다. 저는 이 과정으로 커뮤니케이션이 얼마나 개선되는지 깨닫고 나니 더는 무엇도 선택 사항처럼 느껴지지 않습니다. 반대로 말하자면, 커뮤니케이션을 방해하는 요소들을 인식하게 되면 그 요소들을 바로잡아야 직성이 풀립니다. 여러분도 마찬가지일 것입니다. 이제 모든 준비를 마쳤으니 실전에 적용해봅시다.

4장

어떤 상황에서도
당황하지 않는
7단계 말하기 공식
(응용편)

여러분도 한 번쯤 생방송 진행자가 다양한 주제에 대해 장시간 유창하게 말하는 것을 보면서 '어쩜 저러지?' 하고 감탄한 적이 있을 겁니다. 지금부터 제가 연마해온 그 기술을 알려드리겠습니다. 언뜻 어려워 보여도 생각보다 명쾌하고 재미있기까지한 방법입니다.

1~3단계: 정보 준비하기

4단계: 정보 정리하기

5단계: 말로 해보기

6단계: 암기하기

7단계: 질문에 답하기

위의 순서대로 이제부터 누구나 아주 까다로운 상황에서도 설명을 잘하는 방법을 소개하겠습니다. 이전 버전에서 조금 변형된 7단계입니다.

어떤 상황에서든
순발력 있게 말하기

명확함에 도달한다는 것은 운동으로 몸을 단련하는 것과 비슷합니다. 꾸준히 나아가기만 하면 버겁고 끝없게 느껴지던 일도 점점 수월해지고 자신감과 통제감이 생깁니다.

문제는 통제할 수 없는 상황에 마주했을 때입니다. 만반의 준비를 했더라도 변수는 있기 마련이죠. 특히 준비된 설명을 말이나 글로 전달할 때와 달리 대부분의 커뮤니케이션에서 우리는 다른 사람의 말, 질문, 반응을 통제할 수가 없습니다. 이러한 예측 불가능한 상황은 우리에게 또 다른 과제를 제시하죠.

그렇다면 통제할 수 없는 상황에서 어떻게 원하는 만큼 명확하고 영향력 있는 설명을 펼칠 수 있을까요? 먼저 앞서 살펴본 모든 기술이 필요하지만, 그 위에 또 다른 기술을 추가해야 합니다. 유동적이고 통제할 수 없는 상황도 잘 대비하면 대부분 통제할 수 있기 때문입니다. 저는 2002년에 처음으로 이 사실을 실감했습니다.

6시간짜리 BBC 교육 강좌를 들은 날이 제 삶의 큰 분기점이었다고 하면 과장처럼 들릴지도 모르겠습니다만 그만큼 중요한 경험으로 남아 있습니다. 제 기억상 그 강좌의 제목은 '양방향 통제'였습니다. 뉴스에서 '양방향 인터뷰'는 진행자와 취재 기자가 보도와 관련해 실시간으로 대화하는 것을 가리킵니다. 일반적으로 진행자가 간략하게 소식을 전한 뒤 취재 기자에게 더 자세한 내용을 요구하죠.

혹시 기자가 무슨 질문을 받을지 미리 알고 있을까 궁금하셨던 적 있나요? 답은 대부분 '모른다'입니다. 하지만 기자는 보도와 관련해 어떤 질문이 와도 받아들일 준비가 되어 있습니다. 시청자로서 기자들의 주저 없는 모습에 늘 감탄했던 저는 그 이유를 이날 이해하게 되었습니다.

강사는 자신을 소개한 뒤 이렇게 말했습니다. "오늘 우리는 취재 기자의 관점에서 어떤 질문을 받아도 하고 싶은 말을 하는 법을 배울 것입니다." '어떻게?' 저는 속으로 물었습니다. 라디오 출연 시 늘 진행자가 주도권을 쥐고 있다는 느낌을 받았던 저였기에 반신반의했지만, 기자도 상황을 어느 정도 제어할 수 있다는 가능성에 솔깃했습니다.

이 강좌는 뉴스 속보 시나리오에 초점을 맞췄습니다. 우리는 먼저 전달하고 싶은 정보를 정리하는 법을 연습한 다음, 어떤 질문을 받더라도 해당 정보를 전달하는 법을 배웠습니다. 2~3분 분량의 라디오 출연을 위한 교육이었지만, 저로서는 언론계 자체를 뛰어넘는 가능성의 세계가 열린 것 같았습니다.

저는 그 이후 모든 커뮤니케이션에서 화제를 어떻게 이동시키는지 유심히 지켜보기 시작했습니다. 능변가들이 일상적인 대화 속에서 어떻게 하고 싶은 말을 하는지 관찰했습니다. 유동적이고 비공식적인 상황에서 사용되는 영향력 있고 잘 짜인 구절에 주목했습니다. 이 중 일부는 분명 우연이었지만, 2002년의 그 강좌를 통해 우연이 아니라 치밀한 계산일 수 있다는 사실에 눈을 뜨게 되었습니다. 대화, 회의, 이메일, 인터뷰, 협상 등 모든 커뮤니케이션 영역에서 변수와 불통을 해소하는 길이 보였습니다. 그뿐 아니라 통제된 상황에서 복잡한 정보를 추출하고 설명하는 저의 접근 방식이 유동적 상황에서도 도움이 된다는 자신감을 얻었습니다.

그 후 수년 동안 저는 대본이나 메모에 의존하지 않고 정보를 정리하고 전달하는 능력을 연마했습니다. 무엇이 효과가 있고 무엇이 효과가 없는지 알아차리고 개선해나가며 유동적 커뮤니케이션 방식을 익혔습니다. 노트 없이 방대한 주제를 다뤄야 하는 예측할 수 없는 상황에 수없이 직면했지만, 두려움을 느끼지 않고 심지어 짜릿함을 느낄 수 있게 되었습니다. 다양한 기법으로 무장한 저는 명확하고 상세한 설명을 자신 있고 흥미롭게 전달할 수 있게 되었습니다.

1단계~3단계:
정보 준비하기

말하고자 하는 주제를 구상하고 이에 대한 정보를 수집하고 추출하는 과정은 앞서 다루었던 내용과 동일합니다. 자세한 과정은 83쪽으로 돌아가 참고해봅시다.

연습한대로 차근차근 정보를 모아 구체적인 구성에 들어가기 위한 발판을 마련해두세요. 어떤 상황에서든 말하려는 내용과 대상에 대한 사전 준비와 이해는 필수적이라는 걸 기억하세요.

4단계:
정보 정리하기

'통제된' 설명과 '유동적' 설명의 접근 방식에 차이가 나는 첫 번째 지점입니다. 전자의 경우 각 갈래에 꽤 많은 정보를 담을 수 있지만, 후자의 경우 각 갈래를 훨씬 더 간소화해야 합니다. 그 이유는 간단합니다. 프레젠테이션이나 리포트를 작성하는 경우에는 모든 요소를 자기 속도에 맞춰 여유롭게 구성할 수 있는데, 질문에 구두로 답변하는 경우에는 즉석에서 답변을 구성해야 하기 때문입니다. 따라서 구성 요소는 간단하고 기억하기 쉽고 바로 사용할 수 있어야 합니다. 이를 위해 한 갈래당 다섯 개 요소로 제한하겠습니다.

해당 주제의 크기에 따라 세 갈래가 될 수도 있고 서른 갈래가 될 수 있으며 준비하는 데 몇 분이 걸릴 수도 있고 며칠이 걸릴 수 있습니다. 어느 쪽이든 각 갈래당 요소가 다섯 개를 넘지 않도록 하세요. 다섯 개가 넘어가면 외우기도 어렵고, 순간적으로 접근하기도 어렵습니다. 정말 요소가 그 이상 필요하다고

판단되면 한 갈래를 두 갈래로 나눠 보세요. 제가 항상 출발하는
구조는 다음과 같습니다.

갈래 A	갈래 B	갈래 C	갈래 D
요점	요점	요점	요점
사실	사실	사실	사실
사실	사실	사실	사실
사실	사실	사실	사실
맥락	맥락	맥락	맥락

정보들을 각 갈래로 묶는 요점이 명확해야 합니다. 각 정보
모음을 설명하려는 단 하나의 목적을 정의하세요. 분명할 수도
있지만, 깊이 생각해야 할 수도 있습니다. 어쨌든 요점을 명확히
하는 것은 필수이며, 즉석에서 정보를 조합할 때 큰 도움이 될
것입니다.

'요점' 아래에는 요점과 관련한 몇 가지 사실과 맥락이 있어
야 합니다. 맥락이 없으면 정보는 의미와 영향력을 잃게 됩니다.
이직 면접 준비를 예시로 들겠습니다.

갈래 **대규모 행사 조직**

· **요점:** 다양한 유형과 국가의 행사 조직 경험

· **사실:** 2000명 규모의 콘퍼런스 프로젝트 관리

· **사실:** 예산, 인력, 마케팅 책임

· **사실:** 5개국 자유 계약 행사 기획자

· **맥락:** 현 직장에서 행사 책임자로 승진함

행사 기획 관련 직종에 지원했다면 각각의 사실은 그 자체로 하나의 갈래가 될 수 있습니다. 그러나 면접에서 다양한 필수 경험을 제시할 수 있고, 행사 기획이 그중 하나에 불과하다면 위의 내용으로 충분합니다. 그래서 바로 이 단계가 중요합니다. 필요에 따라 정보를 어떻게 구성할지 결정하는 것입니다.

또한, 할 말을 모두 적을 필요는 없습니다. 첫 번째 사실을 떠올리고 그에 관해 이야기할 필요와 시간 여유가 있다면 자연스럽게 그 내용을 확장할 수 있을 것입니다.

어떤 경우에는 네 갈래면 충분할 테고 다른 경우에는 더 많은 갈래가 필요할 수 있습니다. 갈래가 많다면 밀접하게 관련된 갈래들을 그룹화하는 것도 유용합니다. 그러면 한 갈래에서 관련 갈래로 좀 더 쉽게 이동할 수 있습니다. 예를 들어 '인력 관리'에 대한 질문을 받으면 대답에 이용할 두 가지 갈래를 바로 알 수 있습니다. 면접 예시를 이어가자면 다음과 같습니다.

인력 관리	전략	혁신	영업
갈래 A	갈래 B	갈래 C	갈래 E
갈래 D	갈래 G	갈래 F	
	갈래 H	갈래 I	

무엇을 설명할지 결정했고, 필요한 정보를 찾아서 추출했고, 각각의 목적이 분명한 갈래로 정리했고, 필요한 경우 그 갈래를 그룹화했습니다. 여기까지 상당한 노력이 들었지만 그만한 가치가 있습니다. 우리는 종종 어디서부터 어디까지 말해야 할지 종잡을 수 없는 상황에 직면하곤 합니다. 미리 준비하면 이러한 상황에 훨씬 더 효과적으로 대처할 수 있습니다.

4단계 확인해보기

· 정보의 갈래들이 명확하게 정의되었는가?
· 각 갈래에 정보가 적절하게 포함되었는가?

5단계:
말로 해보기

7단계의 기본 버전에서는 말로 해보기가 마지막에 이뤄지지만, 이 버전에서는 지금부터입니다. 정보를 글로 연결하지 않고 즉석에서 말로 연결할 것이기 때문입니다.

준비한 정보에 익숙해지는 데 필요한 훈련에 들어가기 전에, 유동적 설명에 왜 말로 해보기가 필요한지 설명하겠습니다.

앞서 저는 특히 구두 설명을 준비할 때 '말로 해보기'가 중요하다고 강조했습니다. 유동적 설명에서는 중요한 것을 넘어 필수적입니다. 처음부터 말이 술술 나올 확률은 매우 낮기 때문입니다.

그 이유에 대한 제 해석은 다음과 같습니다. 다른 사람이나 집단과 대화할 때 두뇌는 여러 과정을 동시에 수행해야 합니다. 질문의 요지를 파악하여 적절한 답변을 구성하고, 어떤 정보를 어떻게 전달할지 결정하고 시간을 얼마나 할애하여 얼마나 자세히 공유할지 가늠해야 합니다. 뇌가 아주 바쁘게 돌아가겠죠!

미리 몇 가지 계산을 해두면 이 모든 과정이 훨씬 쉬워집니다. 어떤 정보를 어떻게 연결할지 미리 충분히 시간을 들여 결정해 두면 실제 상황에서 더 많은 정신적 여유를 확보할 수 있습니다.

저는 제 두뇌를 컴퓨터 프로세서라고 여깁니다. 컴퓨터에서 여러 프로그램을 실행하는 경우 일부 프로그램을 닫으면 다른 프로그램의 속도와 성능이 향상됩니다. 이와 비슷하게, 두뇌가 처리할 정보에 익숙해질수록 그 순간의 판단력이 향상됩니다. 그래서 말로 해보기가 필요한 것입니다. 사용하려는 정보가 입에 붙으면 메모를 작성하고 암기했을 때보다 훨씬 더 잘 설명할 수 있습니다.

2017년 네덜란드 총선 취재차 헤이그에 파견되었을 때입니다. 네덜란드 국회의사당 옆 중앙 광장에는 노천카페들이 늘어서 있고 장날이면 오라녜 공 빌렘 1세의 동상을 둘러싸고 행상들이 책, 음식, 옷 등을 팝니다. 네덜란드 총선을 취재하는 며칠 동안 저는 이 광장에 살다시피 했습니다.

방송 첫날 아침, 저는 첫 보도를 기다리고 있었습니다. 준비를 많이 했기에 자신감이 들어야 했는데, 동료와 선거에 관해 이야기할 때 말이 시원시원하게 나오지 않았습니다. 문서상으로는 정보를 완벽히 정리해 두었지만, 이를 말로 표현하는 연습을 충분히 하지 않은 것이죠.

제 입과 뇌가 정보를 사용하는 데 익숙해져야 했습니다. 말로 해보면 정보에 대한 연결망이 만들어지고, 그 연결망 안에서 단어와 문구를 적절히 배치할 수 있습니다. 따라서 보유한 정보를 훨씬 더 유용하게 활용할 수 있습니다.

그날 아침, 다행히 시간적 여유가 있어 저는 핸드폰 메모를 들고 광장을 거닐며 혼잣말을 했습니다. 그날 장을 준비하던 상인들이 절 보고 무슨 생각을 했을지 모르겠지만, 아랑곳하지 않고 한 갈래씩 보도 내용을 풀어나가 보았습니다. 처음에는 버벅거리던 부분이 몇 분 지나지 않아 매끄럽게 흘러나왔고, 어렵고 복잡하던 부분도 일관성 있게 설명할 수 있게 되었습니다.

기자에게 이런 상황은 드물지 않습니다. 정치 국면이 새롭게 펼쳐지는 날이면 총리 관저가 있는 다우닝가는 기자들로 북적북적합니다. 이때 기자들이 각자 조용히 중얼거리는 모습을 흔히 볼 수 있습니다.

준비한 말을 중요한 순간에 처음 입밖에 내는 것은 위험합니다. 미리 말해 봐야 어떤 구절을 강조해야 하는지, 어떤 개념을 편하게 다룰 수 있는지, 어떤 고유명사를 자신 있게 사용할 수 있는지 알 수 있습니다.

이를 수월하게 하고자 저는 일련의 '훈련'을 고안했습니다. 메모가 없을 때 이 훈련은 필수입니다. 훈련에 들어가기 전에 일단 메모에 대해 한마디 하겠습니다.

저는 뉴스 진행자로 일하면서 양방향 인터뷰를 수백 번은 진행했습니다. 때때로 취재 기자가 뉴스 데스크에 출연하는 경우, 대부분 메모가 없거나 한 장짜리 메모를 들고 오는데, 간혹 경험 없는 기자는 노파심에 메모를 여러 장 지참하곤 합니다. 저도 같은 시절을 거쳤기에 그 기분을 잘 압니다. 경험이 쌓인 지금도 복잡한 내용을 보도할 때 잘 정리된 한 장의 메모를 지참하기도 하지만, 저는 그 메모를 절대 보지 않습니다.

메모는 특정 인용문, 통계, 사실을 언급할 때 유용할 수 있습니다. 뉴스 속보 상황에서 기자는 종종 메모에 의존하며, 이는 기자 자신과 시청자 모두에게 도움이 됩니다. 하지만 토론, 회의, 면접, 고객 미팅 등 대부분의 상황에서는 그렇지 않습니다. 자꾸 아래를 내려다보며 할 말을 찾는 동시에 흥미롭게 이야기하기란 불가능합니다.

경험이 별로 없는 기자나 게스트가 생방송에 참여할 때 저는 몇 분 일찍 촬영장에 도착하길 권합니다. 자연스럽게 대화를 나누며 촬영 환경에 적응하게 한 다음, 메모를 눈앞에서 치우거나 가장 중요한 메모만 남기라고 제안합니다. 그리고 "지금까지 하던 대로 계속 이야기하시면 돼요"라고 말합니다. 제가 이렇게 하는 것은 생방송의 매운맛을 보여주기 위해서가 아니라 오히려 돕기 위해서입니다. 메모가 없어도 훌륭하게 이야기할 수 있는데, 메모가 있으면 아래를 내려다보게 되고, 원하는 내용을 찾느라 흐름을 놓칠 수 있기 때문입니다. 메모는 준비 과정에서는 유용하지만 실제 상황에서는 방해물이 되곤 합니다. 이제부터 실제로 도움이 될 훈련에 들어가겠습니다.

각 갈래 말로 해보기

여러분은 준비한 정보를 사용하는 데 단계별로 익숙해질 것입니다. 단계마다 정보를 소리 내어 말하는 것이 포함됩니다.

한 갈래씩 이야기해보기

누군가가 어떤 갈래에 관해 개방형 질문을 던졌다고 상상하세요. 관련 정보를 살펴보고 나서 대답해보세요. 정보의 앞뒤가 맞지 않는다면 순서를 바꾸고 다시 시도하세요. 두 가지 요소를 연결할 때 사용한 표현이 만족스럽다면 머릿속에 새겨 두고 계속 사용하세요. 어색한 부분이 있다면 다른 표현을 사용해 보세요. 전체 내용을 다시 이야기해보세요.

이렇게 하면 한 갈래에 1분도 채 안 걸릴 수도 있고 좀 더 오래 걸릴 수도 있습니다. 시간에는 크게 신경 쓰지 말고 정확하고 실질적인 커뮤니케이션에 초점을 맞추세요.

그리고 갈래마다 이 과정을 반복합니다. 어떤 갈래는 빠르게 되고 어떤 갈래는 시간이 걸릴 수 있습니다. 일부 정보를 놓쳤다면 필수 정보 목록으로 돌아가 부족한 부분을 채울 수 있는지 확인하세요. 그리고 언제나 자신이 말하는 내용이 각 갈래의 '요점'을 뒷받침하는지 확인하세요.

대부분 다섯 갈래를 넘지 않을 테니 되도록 간결하게 말해야 하는 회의나 대화에 빠르고 효과적으로 대비할 수 있습니다.

갈래가 더 많더라도 아마 여러분이 반복해서 논의할 주제일 것입니다. 예를 들어 취업이나 이직을 준비한다면 자신의 경력, 기술, 포부를 설명할 기회가 한 번에 그치지는 않을 것입니다.

중요한 프로젝트를 진행할 때도 프로젝트 기간 내내 이러한 설명을 재사용할 수 있습니다. 저는 50:50 프로젝트 초기에 유동적 시나리오에 따라 설명을 다듬었고, 그 후 동료들과 함께 이 설명을 수백 번 사용했습니다. 이 과정을 통해 얻은 명확하고 유창한 설명은 반드시 보답할 것입니다.

두 갈래 연결하기

이번에는 두 갈래를 골라 한 갈래를 통해 다른 갈래로 이동해보세요. 어떻게 한 주제에서 다른 주제로 원활하게 넘어갈지 고민해보세요. 효과적인 방법을 찾았다면 역시 머릿속에 새겨두세요. 목표는 대화에 집중하면서 정보를 잘 아는 것처럼 유창하게 말하는 것입니다.

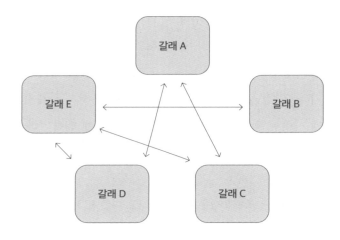

위의 그림처럼 다양한 조합으로 한 갈래에서 다른 갈래로 이동해보세요. 어떤 갈래들은 서로 보완하는 반면 어떤 갈래들은 서로 단절될 수 있습니다. 후자의 경우, 어떻게 갈래를 자연스럽게 전환할지 고민해보세요.

유동적인 상황에서 말하려는 바를 잘 전달하려면 준비된 정보 사이를 매끄럽게 전환할 수 있어야 합니다. 아무리 연습해도 지나치지 않으며, 성공의 핵심은 다양한 연결 구문을 자유롭게 구사하는 것입니다.

연결 구문

앞서 통제된 설명 내에서 한 요소에서 다른 요소로 이동하는 '결합 구문'을 살펴봤습니다. 이는 순서가 미리 정해진 특정 요소들을 연결하는 기법입니다.

그러나 유동적 설명에서는 갈래의 순서를 미리 정할 수 없습니다. 즉흥적으로 A에서 B 또는 C에서 A로 원활하게 이동해야 합니다. '연결 구문'은 '결합 구문'과 달리 순서가 정해지지 않은 갈래 사이를 최소한의 마찰로 이동할 수 있게 해줍니다. 다음은 제가 애용하는 몇 가지 연결 구문입니다.

- 그게 제가 강조하고 싶은 부분 중 하나고, 다른 하나는…
- 하지만 이 문제에는 고려해야 할 여러 측면이 있습니다. 또 다른 측면은…
- 또 한 가지 강조하고 싶은 것은…
- 그것도 중요하지만 …도 중요합니다.
- 이것은 또한 …로 연결됩니다.
- 이를 통해 …도 살펴볼 수 있습니다.
- 여기엔 여러 차원이 있습니다. 또 다른 차원은…
- 하지만 이 문제를 이해하려면 …도 살펴봐야 합니다.
- 그리고 그것은 …로 연결됩니다.
- X가 한 가지 측면이라면 Y는 또 다른 측면입니다.
- 하지만 이를 설명하는 방법은 다양합니다. 또 하나는…

이 밖에도 다리 역할을 하는 연결 구문은 다양하며 여러분도 자신만의 연결 구문을 떠올릴 수 있을 겁니다. 모두 설명의 한 측면이 끝났음을 알리고 다음 측면으로 넘어갑니다.

갈래 사이를 이동할 때 이러한 연결 구문을 사용해보세요. 메모해 뒀다가 참고해도 좋습니다. 핵심은 유창성입니다. 연습을 많이 할수록 갈래 사이를 자연스럽게 넘나들 수 있습니다. 또한 때가 되면 입에서 자연스럽게 나올 것입니다.

하지만 지금 당장 적합한 정보를 고르는 데 도움이 될 방법이 하나 더 있습니다.

시간을 찾아서

이야기할 내용을 미리 알고 있는 상황에서는 준비한 메모나 기억을 떠올려 훌륭하게 말할 수 있지만 어떤 질문을 받게 될지 모르는 상황에서는 그 자리에서 생각을 정리하는 게 불가능해 보입니다. 그래도 생각할 시간이 아예 없는 것은 아닙니다.

우리는 그러한 여유를 적극적으로 찾고, 만들고, 활용해야 합니다. 결정적인 순간에 이를 잘 해내면 아주 강력한 힘을 발휘할 수 있습니다. 생각할 시간이 넉넉할수록 무슨 말을 해야 할지 더 나은 판단을 내릴 수 있습니다. 질문받은 내용과 내가 하고 싶은 말을 설득력 있게 일치시킬 수 있습니다. 더 차분하고 명확하며 자신 있게 말할 수 있습니다.

열쇠는 바로 '시간'입니다. 스포츠 스타들의 성공을 다룬 책

『베스트 플레이어』에서 저자 매슈 사이드는 타고난 재능보다 목적의식이 분명한 훈련이 더 중요하다고 주장합니다.

사이드는 전 윔블던 챔피언 마이클 스티치와 짧게 테니스를 쳤던 일화를 이야기합니다. 전직 탁구선수였음에도 사이드는 스티치의 빠른 서브를 제대로 받아치지 못했고, 이를 이해하기 위해 전문가들을 찾아갔습니다. 영국 리버풀 존 무어스 대학교의 마크 윌리엄스 교수는 프로 선수들이 상대방의 서브를 읽을 때 라켓이 아니라 몸동작을 본다면서 다음과 같이 설명합니다.

바라볼 지점을 아는 것만이 전부가 아니에요. 바라보는 지점의 의미도 파악해야 합니다. 미세한 움직임의 패턴과 자세의 실마리를 살펴보고 정보를 얻어내야 해요. 최고의 테니스 선수들은 시선을 몇 군데에 고정하며 핵심 정보를 의미 있는 '덩어리'로 묶어서 봅니다.

다시 말해, 프로들은 어떤 정보를 찾아야 하는지, 해당 정보로 무엇을 해야 하는지 파악하고 그로써 상당한 우위를 점합니다. 또한 캐나다 맥마스터 대학교 신체운동학과의 자넷 스타크스 교수는 이렇게 말합니다.

정보를 미리 활용하면 시간의 역설이 생깁니다. 아마 전 세계의 숙련된 선수 모두가 이를 경험했을 거예요. 익숙한 시나리오를 인식해서 그 정보를 의미 있는 통합체와 패턴으로 묶으면 반응 과정이 빨라지죠.

저는 이 내용들이 무척 흥미로웠습니다. 왜 어떤 선수들이 유독 더 여유롭게 공격에 대응하는지 깨달았으니까요. 훈련을 통해 '익숙한 패턴'을 인식함으로써 반응 속도를 높였기 때문이었죠. 그런데 이때까지는 전적으로 스포츠에 관한 깨달음이었음을 고백합니다.

『베스트 플레이어』를 읽은 것은 제가 TV 출연에 막 적응할 무렵이었습니다. 그 후 몇 년 동안 저는 마이클 스티치의 서브 같은 기습 질문을 받아 메모 없이 명확하고 설득력 있게 설명해야 하는 상황을 다양하게 겪었습니다.

이 책을 쓰면서 그 대목을 다시 읽으니 감회가 새로웠습니다. 저는 간간이 매슈 사이드 일화를 떠올렸지만, 다시 읽어 보니 우리 두뇌가 정보를 처리할 여유를 만드는 방법, 유동적 상황을 앞두고 정보를 정리하고 익히는 방법, 심지어 '덩어리'라는 표현에 이르기까지 설명의 기술과 상통하는 부분이 많았습니다.

뛰어난 테니스 선수들이 상대의 몸동작을 읽고 빠르게 반응할 수 있듯이, 우리는 대화 중에 질문을 파악하고 생각할 여유를 확보하여 그 순간에 적절한 정보를 제공할 수 있습니다.

이제 마지막 두 단계가 남았습니다. 6단계에서는 정보를 암기하는 방법과 정보를 가장 잘 활용하는 방법을 살펴볼 것입니다. 그리고 7단계에서는 어떤 질문을 받게 될지 예측하고, 그 순간에 어떤 정보가 필요하며 어떻게 설명해야 가장 효과적인지 알아보겠습니다. 이 두 단계를 잘 거치면 유동적 상황에서도 여유롭고 명확하게 말할 수 있을 겁니다.

5단계 확인해보기

- 정보가 입에서 자연스럽게 나오는가?
- 서로 다른 정보 사이를 자연스럽게 이동할 수 있는가?

6단계:
암기하기

몇 년 전 누나네 집에 놀러 갔을 때 일입니다. 어린 조카가 있어서 집안 곳곳에 아이 용품이 어지럽게 널려 있었죠. 누나와 차를 마시며 대화하던 중 한 장난감이 유독 제 눈에 띄었습니다. 빨강, 파랑, 초록, 노랑의 네 가지 버튼이 달린 두뇌 발달용 장난감 '사이먼'이었습니다.

이 장난감의 원리는 버튼들이 깜빡이는 순서를 기억했다가 그 순서대로 버튼을 누르는 것입니다. 다음 라운드로 넘어갈 때마다 깜빡이는 버튼이 하나씩 늘어나며 난이도가 올라갑니다.

저는 그 장난감에 한 번 손을 댔다가 푹 빠져들었습니다. 처음에는 꽤 어려웠습니다. 버튼을 열 개쯤 누르면 길을 잃고 말았죠. 그러다가 제 두뇌가 눈앞의 과제와 씨름하면서 저절로 깜빡임을 그룹화하기 시작했습니다. '초록, 노랑, 노랑, 초록'을 한 덩어리로 기억하고 그다음 '빨강, 파랑, 노랑, 노랑, 초록'을 또 한 덩어리로 기억하는 식이었죠.

제 두뇌가 왜 특정 지점에서 덩어리를 끊어내는지 알 수 없었지만, 어쨌거나 덩어리들 덕분에 전체 순서를 기억하기가 훨씬 쉬워졌습니다. 덩어리의 존재를 기억하는 한 그 안의 색들을 잊어버리지 않았습니다.

그날 누나 집을 떠나면서 핸드폰 앱 스토어에서 '사이먼'을 검색하니 역시 게임 앱이 있었습니다. 앱을 내려받은 뒤 신기록을 세우기 위한 여정은 계속되었습니다. 이미 제 머릿속에서 덩어리는 네다섯 개 색상의 연속이 아닌 하나의 개체였습니다. 나아가 저는 개별 덩어리에 연관성을 부여하여 덩어리 안의 덩어리를 기억하기 시작했습니다. 이를테면 '더블 초록', '노랑 샌드위치', '파랑 행진'이 모여 '첫 번째 덩어리'가 되는 식이었죠.

첫 번째 덩어리가 있다는 것만 기억하면 그 안의 개별 덩어리의 순서와 색상이 쉽게 떠올랐습니다. 그렇게 복잡한 기억 작업을 켜켜이 쌓을 수 있기에 최신 색상을 암기하는 데 집중할 수 있었습니다. 인지 작용의 신비였습니다.

사이먼의 재발견 이후 얼마 지나지 않아 저는 2015년 그리스 부채 위기를 취재하러 아테네에 파견되었습니다. 앞서 35쪽에서 '복잡성'을 다루며 예로 든 바 있죠. 이는 상당한 도전이었습니다. 상황이 워낙 방대하고 복잡하며 빠르게 전개되었기 때문입니다. 게다가 열흘 동안의 취재 기간 내내 주요 뉴스였기에 저는 방송에 자주 출연해야 했고, 앞서 언급했듯이 생방송 보도에서 어떤 질문을 받게 될지 예측하는 것은 불가능했습니다.

더욱이 저는 이렇게 큰 이슈를 TV에서 보도하는 것이 처음이었습니다. 메모나 대본을 읽으며 설명할 수 있는 라디오와 달리 TV에서는 카메라와 눈을 맞추고 설명해야 합니다. 즉, 머릿속에서 떠오르는 대로 말해야 하며, 특히 유럽중앙은행의 정책 변화와 같은 복잡한 주제를 다룰 때는 더욱 어려워집니다.

아테네의 뜨거운 태양을 피하려고 애쓰며 저는 참고해야 할 모든 정보를 아주 짧은 시간에 기억해낼 방법을 실험했습니다. 사이먼 게임을 할 때 제 두뇌가 절 어떻게 돕는지 생각했고, 그제야 사이먼에서의 '덩어리'가 『베스트 플레이어』에서 윌리엄스 교수가 말한 '덩어리'와 일맥상통한다는 걸 깨달았습니다.

관련 있는 정보들을 한 덩어리로 묶은 다음, 그 덩어리를 하나의 개체로 기억하는 것이죠. 그리스 상황에 대해 제가 보도하려는 내용에도 비슷한 전략을 시도해보았습니다. 놀랍게도 효과가 있었고 덕분에 열흘 남짓한 시간을 훨씬 수월하게 보낼 수 있었습니다.

집에 돌아오자마자 저는 기억술을 더 자세히 탐구하고 싶었습니다. 특히 어떻게 해야 각기 다른 시간에 각기 다른 정보 덩어리에 더 잘 접근하고 그 순서를 결정할 수 있는지 알고 싶었습니다. '사이먼' 게임에서는 순서대로 기억하면 되지만, 유동적 설명에서는 그렇지 않기 때문입니다. 유동적 상황에서 명확하게 설명하려면 준비된 정보 덩어리에 바로 접근하고 질문에 따라 순서를 정할 수 있어야 합니다.

이 능력을 갖추면 생방송뿐만 아니라 대중 연설, 질의응답, 공식 회의에서도 상당히 유리해집니다. 업무 회의, 학부모 상담, 거래처 직원과의 대화 등 다양한 일상 상황에서도 유용하게 쓸 수 있죠. 정보를 잘 암기하면 필요에 따라 끼워 맞출 수 있는 블록처럼 느껴집니다. 지금부터 그 기법을 소개합니다.

기억술

커뮤니케이션에 기억을 활용하는 데 만능 공식은 없습니다. 직면한 상황에 따라 다른 기법을 사용할 수 있습니다. 다만 제가 사용하는 기억술의 핵심은 그룹화입니다.

그룹화는 기본적으로 정보 모음을 식별하고, 그 순서를 익히고, 이를 머릿속에 하나의 항목으로 분류하는 것입니다. 그룹화의 다음 단계는 그룹 자체에 순서를 매긴 다음 이를 하나의 개체로 인식하는 것입니다. 이것이 제가 '사이먼' 게임을 할 때 저도 모르게 하고 있던 일입니다.

그룹화를 최대한 활용하려면 5단계의 훈련으로 돌아가야 합니다. 지난 훈련에서는 메모를 통해 암기했지만 이제 메모를 치워야 할 때입니다.

레벨 1 기억에서 한 갈래 길어내기

레벨 1과 레벨 2는 특정 내용을 확실히 전달해야 하는 짧은 회의나 대화에 적합합니다.

포함하고자 하는 사실, 요점, 맥락, 질문의 수와 상관없이 갈래(그룹 또는 덩어리)당 5개가 넘는 요소를 넣지 마세요. 더 많이 넣으면 기억하기 어려울 것입니다. 갈래가 다음과 같다고 가정해봅시다.

갈래 A	갈래 B	갈래 C
사실	사실	사실
사실	사실	사실
요점	요점	요점
맥락	맥락	질문

처음에는 그저 요소들을 나열하듯 읊어 보세요. 갈래별로 정보를 제대로 말할 수 있다면 다른 사람에게 말하듯이 연결해 보세요.

레벨 2 기억에서 두 갈래 길어내기

이번에는 서로를 보완하는 두 갈래를 골라 한 갈래를 통해 다른 갈래로 넘어가 보세요. 잘 되면 역순으로 해보세요. 이 과정은 갈래들이 서로 어떻게 연결되는지 이해하는 데 도움이 되므로 매우 중요합니다.

계속 서로를 보완하는 두 갈래를 골라 정보를 이동해봅니다. 반복할수록 불필요한 단어가 사라지고 정보가 효율적으로 전달되는 것을 느낄 수 있을 것입니다. 처음에는 어색했던 전환이 더 편안하고 명확해질 것입니다.

자신감이 생겼다면 무작위로 두 갈래를 골라서 다시 부드럽게 이동하는 과정을 반복합니다.

레벨3 기억에서 여러 갈래 길어내기

긴 회의, 면접, 모든 종류의 대화에 적합합니다. 갈래가 5개 미만이라면 순서를 정하고 처음부터 끝까지 이야기해보세요. 다른 각도에서 접근해야 할 수도 있으므로 순서에 집착하지는 마세요.

그런 다음, 다섯 갈래를 매번 다른 지점에서 시작해 이야기해봅니다. 어디서 시작하든 원하는 순서로 얼마나 잘 돌아갈 수 있는지 확인해보세요. 점점 더 노련하게 갈래를 통과하고, 갈래 사이를 이동하고, 갈래의 순서를 바꾸게 될 것입니다.

이 방법은 갈래가 5개 이상인 경우에도 사용할 수 있습니다. 예를 들어 취업 또는 입시 면접, 이사회 회의, 중요한 직원회의, 연설 후 질의응답, 주요 고객과의 미팅 등 복잡하고 다양한 정보에 접근해야 하는 모든 유동적 상황에서 유용합니다. 저는 생방송 보도를 앞두고 주로 이 방법을 사용합니다.

이런 상황에서는 다뤄야 할 정보의 양이 상당히 많으므로 몇 가지를 더 고려해야 합니다.

첫째, 갈래가 10~20개라면 효과적으로 기억할 수 있도록 각 갈래를 간소하게 유지하세요. 필요한 경우 한 갈래를 두 갈래로 나눠도 좋습니다.

둘째, 서로 다른 질문에 대한 답으로 어떤 갈래들이 어떻게 묶이는지 고려하세요. 주제에 따라 2~3갈래 또는 3~4갈래가 묶일 수 있습니다. 연습하고 싶다면 예상 질문 몇 가지에 답변해보면서 정한 순서가 자연스러운지 확인하세요.

질문에 따라 답변의 시작, 중간, 끝이 다를 수 있으므로 이 순서를 엄격하게 정할 필요는 없습니다. 하지만 익숙한 순서가 있으면 매우 유용합니다. 어떤 질문이 나오면 '아, 이거 다음에 이거 다음에 이거 하면 되겠네.' 하고 생각하게 됩니다. 말을 할 때쯤에는 이미 준비가 끝난 상태입니다.

물론 쉬운 과정은 아닙니다. 다양한 예상 질문에 따라 새로운 순서도 파악해야 합니다. 처음에는 바라던 대로 나오지 않겠지만, 점차 효과적으로 전달할 수 있는 순서에 익숙해질 것입니다.

이 연습에 시간을 아끼지 마세요. 연습을 거듭할수록 무슨 말을 해야 할지 쉽게 떠오르고 더 정확하게 전달할 수 있습니다. 시간이 허락하는 한 이러한 덩어리들을 자유자재로 구사할 수 있을 때까지 계속 연습하세요. 그렇다면 기억을 활용하여 커뮤니케이션의 수준을 확 끌어올릴 준비가 된 것입니다.

중요한 프로젝트를 앞두고 이 과정을 거칠 때 며칠에서 몇 주가 걸릴 수 있다는 점을 염두에 두세요. 비록 지름길은 없지만, 이 과정을 거치면 강력한 위치에 서게 됩니다. 하나의 덩어리만으로도 적절하게 답변할 수 있으며, 덩어리들을 결합해 좀더 체계적이고 상세하게 답변할 수도 있습니다.

레벨 3까지가 저의 한계지만, 저보다 훨씬 더 정교한 기술을 지닌 전문가들이 있습니다. 다음으로 그중 한 명을 소개하겠습니다.

레벨 4 길고 복잡한 설명

세계 기억력 챔피언이자 기억술에 관한 책을 여러 권 쓴 도미닉 오브라이언은 누구나 '작업 기억을 강화'함으로써 정보 회상 능력을 개선할 수 있다고 말합니다. 저는 도미닉에게 자세히 설명해달라고 부탁했습니다.

"우리의 단기 기억은 4~6비트의 정보만 처리할 수 있습니다. 예를 들어 파티에서 4~5명의 이름을 기억하는 것은 어려울 수 있겠죠. 하지만 우리 두뇌는 새로운 정보를 기존의 장기 기억과 결합합니다. 낯선 이름을 음절로 나누고 익숙한 개념과 연관시킵니다. 그러면 더 잘 기억하고 떠올릴 수 있습니다."

누구에게나 장기 기억, 즉 확고히 자리 잡은 기억이 있습니다. 지금 자기 집을 한번 떠올려보세요. 구석구석 선명하게 떠올릴 수 있을 것입니다. 기억 전문가들에 따르면 우리는 단기 기억보다 안정적인 장기 기억을 사용해 정보를 저장하고 쉽게 떠올립니다.

또 다른 기억 전문가인 트레이시 앨러웨이 박사는 우리의 작업 기억을 책상에 비유하며 기억 저장 공간이 작은 사람도 그 공간을 확장할 수 있다고 말합니다. 이는 제가 기억술을 실험했던 경험과 일치합니다. 정보를 어디에 저장할지 알게 되니 더 많은 정보를 기억할 수 있었습니다.

현재 도미닉 오브라이언은 배우, 기업 임원, 코미디언 등의 정보 회상 능력 향상을 돕고 있습니다. 그가 가르치는 방법은 주로 세 가지라고 합니다.

첫 번째는 '연결 방법(또는 스토리 방법)'입니다. 다뤄야 할 주제들을 순서대로 연결하여 아무리 터무니없더라도 하나의 스토리로 만드는 것입니다. 이 스토리를 되풀이할수록 주제들이 필요한 순서대로 떠오릅니다. 도미닉은 이 방법이 비교적 간단한 기억 작업에 적합하다고 말합니다. 이는 제가 방송에서 해온 작업과 일맥상통합니다. 저는 한 영역에서 다음 영역을 떠올리는 데 도움이 되는 '연결고리'를 늘 물색합니다.

뚜렷한 연결고리가 없거나 연결되지 않은 여러 주제가 있는 상황에서는 스토리 방법을 사용하면 좋습니다. 저도 시도해본 결과 이 방법이 매우 효과적이라는 것을 알게 되었습니다. 여

러 주제들을 하나의 스토리로 만들면 암기가 쉬워질 뿐 아니라
부담감도 줄어듭니다.

다음으로, 좀 더 복잡한 정보를 잘 기억하고 싶다면 '산책
방법'이 적합합니다. 집 근처 공원을 상상해보세요. 공원 입구에
서 출발해 자주 앉는 벤치, 놀이터, 테니스 코트, 주차장까지 경
로를 떠올릴 수 있을 겁니다. 이러한 각 장소가 여러분이 다뤄야
할 주제 영역이라고 할 수 있습니다. 공원 입구에는 표지판, 자
전거 보관소, 큰 나무, 쓰레기통이 있습니다. 이러한 각 요소는
주제와 연관된 정보들입니다.

이렇게 기억하고 싶은 정보를 이미 잘 알고 있는 경로와 연
관시키면, 상당한 양의 정보를 매우 신뢰할 수 있는 기억을 바탕
으로 기억할 수 있습니다. 도미닉은 이 산책 방법으로 매일 수천
개의 정보를 효과적으로 기억한다고 합니다.

여기서 저는 도미닉에게 한 가지 질문이 있었습니다. 이 방
법은 연설, 연극, 발표, 논문 등 계획된 정보를 암기하는 데 분명
환상적입니다. 하지만 준비한 정보에 어떤 순서로 접근해야 할
지 모른다면 어떻게 해야 할까요?

"아, 그럴 땐 기억의 궁전을 활용하면 됩니다." 도미닉이 말
했습니다. 기억의 궁전은 정보를 익숙한 장소와 연관시키는 고
급 기억술입니다. 영국 드라마 〈셜록 홈즈〉에서 묘사되기도 했
죠. 집과 같이 잘 아는 장소에 정신적 지도를 만든다고 생각하면
됩니다. 각 방은 서로 다른 주제를 나타냅니다. 예를 들어 세계

무역에 관해 이야기한다면 부엌은 미국, 거실은 중국, 서재는 유럽연합이라고 할 수 있습니다.

그런 다음 산책 방법과 마찬가지로 각 방의 가구나 소품을 특정 정보와 연관시킵니다. 이를테면 거실에 있는 레코드플레이어를 중국의 수출 규모와 연결하는 것입니다. 남들 눈에는 터무니없어 보일지라도 자신만의 연관성이나 연결고리를 찾아내면 됩니다.

이 기억의 궁전을 정신적으로 '거닐'면서 각 장소에 대한 장기 기억을 촉발하여 그곳에 저장된 정보를 불러올 수 있습니다. 따라서 우리는 미리 준비한 방대한 정보를 필요할 때마다 사용할 수 있습니다.

기억술 선택

'사이먼'에서 영감을 받아 재미 삼아 시도했던 기억술이 지금은 제 정보 전달 방식에 큰 역할을 합니다. 기껏 하고 싶은 말을 정리하고 다듬었는데 그 말을 어떻게 가장 잘 표현할 수 있는지 떠올리지 못한다면 정말 안타까운 일이죠.

도미닉 오브라이언은 저에게 이렇게 말했습니다. "저는 제가 바보인 줄 알았어요. 제가 8번이나 기억력 챔피언이 될 수 있다면 누구나 될 수 있습니다." 한마디로, 기억술에 대단한 지능이 필요하지 않다는 것입니다.

설명이 잘 준비되면 머릿속에 정보 블록이 쌓인 선반이 떠오릅니다. 각 블록은 제가 미리 준비한 갈래입니다. 질문을 받으면 선반을 훑어보고 관련 블록을 하나에서 세 개 정도 골라 그 순간에 가장 적합한 순서로 배치한 뒤 이야기합니다.

물론 이때 선반에서 무엇을 꺼낼지 생각할 시간이 있어야 합니다. 미리 정보를 정리하고 외워 두면 도움이 되겠죠. 다음 단계에서 살펴볼 것처럼 질문을 받는 순간에 여유 시간을 찾을 수도 있습니다.

6단계 확인해보기

- 기억하고 싶은 내용을 명확히 알고 있는가?
- 어떤 기억술을 사용할지 정했는가?
- 메모 없이 설명하는 연습을 해봤는가?

7단계:
질문에 답하기

질문은 커뮤니케이션에서 빠질 수 없는 요소입니다. 여러분이 업무 브리핑, 고객 미팅, 면접, 연설 등의 중심에 있다면 많은 질문을 받을 것이며 이러한 질문들은 다채로운 설명의 포문을 엽니다. 하지만 막상 질문을 맞닥뜨리면 언제, 무엇을 말해야 할지 스스로 통제할 수 없는 것처럼 느껴질 수 있습니다. 뜻밖의 질문을 받더라도 질문에 따라 가장 관련성 높은 정보의 우선순위를 정하면 수월하게 답변할 수 있습니다.

질문 예측하기

수많은 인터뷰, 발표, 질의응답을 거치면서 저는 사람과 사안이 전반적으로 예측 가능하다는 사실을 발견했습니다. 사람들의 관심사, 우려 사항, 말투, 성격, 우선순위는 대개 하루아침에 바뀌지 않습니다. 같은 주제에 대해 논의할 때마다 비슷한 말을 하곤 하며 저 또한 예외가 아닙니다.

그리고 어떤 기획안에 한 집단이 의문을 제기하면 비슷한 일을 하는 다른 집단도 비슷한 의문을 제기할 가능성이 큽니다. 정치인, 영화배우, 사업가 등 유명인들도 인터뷰할 때마다 형태만 다를 뿐 같은 질문을 받곤 합니다.

질문을 받는 처지에서는 이러한 예측 가능성이 유리하게 작용합니다. 어떤 종류의 질문이 나올지 예상하고 대비할 수 있기 때문입니다. 다음의 여섯 가지 사항을 고려해보세요.

① 어떤 질문을 가장 많이 받을 것 같나요?

예상 질문 목록을 만드세요. 짧고 간단한 상황이라면 이러한 준비만으로도 충분하지만, 더 복잡한 상황이라면 더 철저히 준비해야 합니다.

② 여러분이라면 어떤 질문을 하겠습니까?

여러분이 질문자라면 무엇을 묻겠습니까? 호기심과 탐구심이 충만한 사람이 이런 상황에서 어떤 질문을 할지 고려해보세요.

③ 어떤 질문을 받으면 난감할 것 같나요?

주어진 상황에서 받을 수 있는 가장 껄끄러운 질문이 무엇일까요? 여러분이 최대한 당황할 만한 질문을 떠올려보세요.

④ 어떤 질문을 받고 싶지 않나요?

이는 ③의 질문과는 사뭇 다릅니다. 특별히 받고 싶지 않은 질문이 있다면 어떤 주제에 대해 잘 설명할 자신이 없다는 뜻일 수도 있습니다. 적절한 표현 방식이나 정보가 없어 피하고 싶은 질문을 목록에 추가하세요.

⑤ 주제에서 어떤 질문이 파생될 수 있나요?

주제의 고려 범위를 비켜난 질문을 받을 가능성은 늘 존재합니다. 해당 주제 안에서 다루지 않은 측면이나 세부 사항에 관한 질문일 수 있죠. 그런 질문도 고려하여 목록에 추가하세요.

⑥ 어떤 사람이 질문할까요?

질문자에 대해 잘 알수록 회의에서 동료들을 설득해야 하나요? 그들의 관심사와 우선순위를 파악하세요. 거래처나 다른 기관을 방문하나요? 당면 주제에 대한 그들의 관점을 파악하고, 이전 모임이나 만남에서 반복된 논점이나 질문을 참고하세요.

예상 질문 목록은 어디까지나 '예상' 질문 목록입니다. 하지만 정보에 근거한 예상은 큰 차이를 만들어냅니다. 다음 작업은 목록을 다음의 세 가지로 나누는 것입니다.

- 답변할 수 있는 질문
- 어떻게 답변할지 잘 모르겠는 질문
- 새로운 정보가 필요한 질문

답변 구성하기

먼저 **답변할 수 있는 질문** 목록부터 시작하겠습니다. 비슷한 질문이 여럿이라면 대표 질문만 남기고 나머지는 지우세요. 이제 미리 준비하고 숙지한 갈래들을 활용할 차례입니다.

현재로서 답변의 길이는 중요하지 않습니다. 어떤 질문은 '예'라는 답변으로 충분하겠지만 어떤 질문에는 여러 갈래를 조합해 다각적으로 답변해야 할 수도 있습니다. 여기서 중요한 것은 답변이 질문에 부합하고 효율적이어야 한다는 것입니다.

첫 번째 예상 질문에 답변하기 위해 어떤 갈래의 조합을 사용하겠습니까? 충분히 고민한 뒤 답변해보세요. 답변이 만족스러운가요? 내용은 만족스러운데 흐름이 매끄럽지 않다면 반복해 말해보세요. 내용이 마음에 안 든다면 준비한 정보의 다른 부분을 적용해보세요. 답변이 질문에 부합하고 자신 있게 전달할 수 있게 되었다면 다음으로 넘어갑니다. 각 질문에 사용한 갈래를 메모해 두어도 좋습니다.

다음은 **어떻게 답변할지 잘 모르겠는 질문** 목록입니다. 1~4단계 작업을 통해 이미 확실하지 않은 부분을 다뤘으니 비교적 목록이 짧길 바랍니다. 먼저 문제점이 뭔지 파악하세요. 하고 싶은 말이 명확하지 않나요? 아니면 어떻게 말해야 할지 모르겠나요? 전자를 먼저 해결한 뒤 후자로 넘어가세요.

어떤 갈래의 정보가 도움이 될지 생각해보세요. 정보를 하나로 묶을 표현이 부족하면 적절한 표현을 찾으세요. 어색하더라도 소리 내어 말하다 보면 적절한 표현이 떠오를 수 있습니다.

어려운 질문에는 불편함이 따르기 마련입니다. 설명하기 어려운 부분을 무작정 피할 수 없듯이 대답하기 어려운 질문도 간과해서는 안 됩니다. 어려운 질문에 대비하고 있으면 전반적으로 자신감이 올라가며 이러한 질문을 언제든 접할 수 있다는 걸 대비해 두면 장기적으로 주제에 대한 이해와 전달력이 개선됩니다.

목록의 첫 번째 부분과 마찬가지로 내용, 정확성, 유창성에 만족할 때까지 각 답변을 연습하세요. 특히 표현 방식에 주의를 기울이세요. 까다로운 질문의 경우 모든 정보를 준비했더라도 표현을 잘 못하면 설명의 일관성과 자신감에 악영향을 미칩니다.

마지막으로 **새로운 정보가 필요한 질문**입니다. 우리는 이미 중요한 정보를 빠짐없이 다뤘으니, 이러한 질문은 주제에서 다소 벗어났지만 나올 수 있는 질문입니다. 이런 질문들을 완벽하게 예상하고 준비하기는 불가능하지만, 최소한 간단한 답변은 준비할 수 있습니다.

가령 제가 어떤 중요한 정치적 이슈를 취재하는데 중간에 한 공직자의 사임이 있었다고 합시다. 그리 중요치 않은 인물이라도 그의 이름과 사임의 영향 정도는 확인해 두면 좋습니다. 심층적인 답변은 할 수 없지만, 그에 관해 질문을 받으면 간단히 답변하고 다른 주제로 넘어갈 수 있습니다.

이제 여러분은 다양한 질문에 훌륭히 답변할 준비가 되었습니다. 모든 정보를 꼼꼼히 정리하고 암기하여 예상 질문에 능숙하게 대처할 수 있습니다. 하지만 지금까지의 노력이 전혀 아깝지 않으려면 돌발 질문에도 유연하게 대처해야 합니다. 그러기 위해서는 시간을 최대한 확보해야 합니다.

순간적인 질문에 답하기

우리는 미리 준비함으로써 이미 많은 시간을 확보했습니다. 예상 질문이 나오면 여유롭고 자신 있게 답할 수 있습니다.

물론 실전에서 받는 질문은 우리가 상상한 것과 다를 수 있습니다. 답변을 못 하거나 동떨어진 답변을 할 수 있죠. 이러한 위험을 방지하기 위해 앞서 살펴본 도표로 돌아가봅시다.

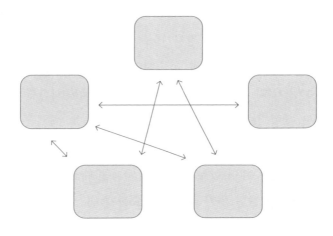

　　이때까지 우리의 목표는 다양한 진입로와 순서를 통해 주제에 접근하는 것이었습니다. 여기에 한 가지를 더 추가하고자 합니다. 어떤 질문을 받더라도 바로 답변을 구성할 수 있을까요? 어려워 보이지만, 충분히 가능합니다. 관건은 질문에 드는 시간을 활용하는 것입니다.

　　가령 면접 시 전형적인 질문을 받는다고 합시다. "이 직무를 맡으면 대규모 팀을 관리해야 합니다. 현재 직무나 이전 직무에서 인력을 관리한 경험에 대해 말씀해 주시겠습니까? 판단력과 리더십을 발휘한 구체적인 사례를 포함해서?"

　　제 기준으로 17초가 걸리는 질문입니다. 말은 길어 보이지만 질문의 핵심은 '인력 관리'입니다. 어떤 질문을 받을지 촉각을 곤두세우면 질문이 시작되는 순간부터 단서를 찾을 것입니다. 이 경우 '관리'라는 단어가 3초 후에 나옵니다. 질문이 총 17초라면 남은 14초 안에 정보 블록이 쌓인 선반을 훑어보고 어떤 순서로 말할지 결정할 수 있습니다. 생각해본 적 있는 질문이기에 17초가 다 지났을 때쯤이면 하고 싶은 말을 시작할 준비를 마쳤을 것입니다.

질문의 요지는 핵심 단어에 있습니다. 예상 질문 목록을 구체화할 때는 한 주제당 한두 단어로 요약되는 대표 질문을 정하세요. 그 단어를 듣는 순간 무엇이 필요한지 대강은 알 수 있습니다.

핵심 단어를 일찍 포착할수록 귀중한 시간을 확보할 수 있습니다. 10초라는 시간이 그리 길지 않게 느껴질 수도 있지만, 침착하게 활용하면 큰 도움이 됩니다. 잘 모르겠다면 무작위로 질문을 하나 고른 뒤 10초 동안 생각한 후 대답해보세요. 처음에는 쉽지 않을 수 있지만 연습할수록 시간 활용에 자신감이 붙을 것입니다.

구조 선택 및 공유

저는 유동적 설명을 종종 피아노의 코드 전위(자리바꿈)에 비유합니다. 예를 들어, 피아노에서 C 장조 코드는 음이 C, E, G로 구성됩니다. 코드 전위는 E를 베이스로 하여 E, G, C로 구성되거나 G를 베이스로 하여 G, C, E로 구성됩니다. 소리가 약간 다르지만 같은 코드입니다.

이와 마찬가지로 설명에는 핵심 메시지와 정보가 있지만 매번 그 순서가 달라질 수 있습니다. 질문을 들으면서 주제를 파악하고 무슨 말을 할지 결정하기 시작하는 순간이 바로 이 순간입니다. 그런데 여기서 별 고민 없이 출발했다가 길을 잃을 수도 있습니다.

이럴 때 저는 제가 선택한 구조를 질문자와 공유합니다. 저로서는 구조를 환기할 수 있고 질문자에게는 제 말이 어디로 향하는지 이정표를 제시할 수 있어서 일거양득입니다.

면접 예시를 이어가 보겠습니다. 저는 인력 관리와 관련하여 제 경력의 세 가지 측면, 즉 X 시절, Y에서의 경력, 그리고 업무 외적으로 Z에서 자원봉사한 경험을 강조하고 싶습니다.

X, Y, Z는 갈래로서 각각 외워뒀기에 진입하기만 하면 자신 있게 풀어나갈 수 있습니다. 답변 시 순서를 매기면 각 갈래에 진입할 가능성이 커집니다. 능변가들이 자주 쓰는 기법으로, 화자와 청자 모두에게 유익합니다.

변형은 다음과 같습니다. "이 문제에 관해서는 4가지 측면을 고려해야 한다고 생각합니다. 첫째…" 이렇게 4가지 측면이 있다고만 미리 짚어도 답변하면서 4가지를 모두 떠올릴 수 있고, 청중은 구조와 방향을 제시했다는 점을 높이 평가할 것입니다. 또한 주제에 대한 자신감을 보여줄 수 있으므로 청중이 경청할 가능성이 커집니다.

언어 미러링

저는 항상 질문자의 의도에서 멀어지는 것을 경계합니다. 그래서 머릿속으로 답변을 구성하면서도 질문자가 사용하는 언어에 계속 귀를 기울입니다. 취업 면접 예시를 다시 들겠습니다.

> "이 직무를 맡으면 대규모 팀을 관리해야 합니다. 현재 직무와 이전 직무에서 인력을 관리한 경험에 대해 말씀해주시겠습니까? 판단력과 리더십을 발휘한 구체적인 사례를 포함해서?"

질문자는 '현재 직무', '이전 직무', '판단력', '리더십'을 언급했습니다. 저는 인력 관리와 관련해 준비한 갈래들에 질문자의 언어를 접목해 답변할 것입니다. 이는 면접은 물론 각종 구술 시험에서도 매우 유용한 기법입니다.

이런 식으로 답변할 수 있습니다.

> "저는 다양한 직무에서 팀을 관리해 왔습니다. **현재 맡은 역할**은…" [한 갈래 진입]
>
> "**이전 직장**에서도 여러 번 **판단력**을 발휘했는데…" [그곳에서 일한

경험에 대해 한 갈래 진입]

"또한 제가 보여준 **리더십**을 강조하고 싶습니다." [경력 중 관련 있
는 부분에 대해 한 갈래 진입]

이때 우리 뇌의 정보 처리 과정은 다음과 같습니다. 첫째,
질문을 들으면서 답변을 구성하기 시작합니다. 둘째, 미리 정리
하고 외운 갈래들로 구성을 마칩니다. 셋째, 연결 구문을 사용해
갈래 사이를 원활하게 이동합니다. 마지막으로 질문의 언어를
반영해 답변이 질문과 직결되게 합니다.

이런 답변은 상대방의 기대를 충족합니다. 여기서는 질문
에 충실히 답변하지 않으면 좋은 점수를 받을 수 없는 면접을 예
로 들었습니다. 그러나 꼭 그에 대한 질문을 받지 않더라도 무언
가를 꼭 말하고 싶은 상황도 있습니다.

하고 싶은 말 하기

앞서 2002년 BBC 교육 강좌 '양방형 통제'에서 제가 배운 바는
어떤 질문을 받아도 하고 싶은 말을 무례하지 않게 할 방법이 있
다는 것이었습니다. 문제는 어떤 말을 꼭 하고 싶을 때, 질문자
가 그럴 기회를 주지 않는 경우가 있다는 것입니다.

회의 중에 마땅히 이뤄져야 할 논의가 이뤄지지 않거나, 공

개 토론회 중에 특정 측면을 강조하고 싶은데 아무도 이에 대해 질문하지 않거나, 면접 중에 충실히 답변하기에 어려운 질문을 받을 수 있습니다.

이러한 상황은 크게 두 가지로 나뉩니다. 말하고 싶은 주제에서 약간 벗어난 질문을 받는 경우, 그리고 말하고 싶은 주제와 전혀 상관없는 질문을 받는 경우입니다. 어느 쪽이든, 우리의 강점을 살리면서 가장 가치 있는 정보를 공유하는 데 집중해야 합니다. 차례로 살펴봅시다.

말하고 싶은 주제에서 다소 벗어난 질문

질문을 받으면 얼마나 길게 대답할지 결정해야 합니다. 가령 출판 업계 강연에서 매출에 대한 질문을 받았지만 실제로는 마케팅에 관해 이야기하고 싶다고 합시다. 우선 질문에서 핵심 단어를 포착합니다. '매출'이라는 단어가 들리면 관련 갈래를 뽑아 들지만, 동시에 마케팅에 관해 이야기할 기회라 여기고 관련 두 갈래를 덧붙이기로 합니다.

"네, 올해 매출은 정말 흥미롭고 고무적이었습니다…" [해당 갈래 풀어나감]

"이러한 판매 실적은 마케팅 활동의 직접적인 결과입니다. 예를 들어…" [마케팅 갈래 중 하나로 이동]

"이것이 우리가 추진한 마케팅의 한 측면이고, 또 다른 측면

은…" [두 번째 마케팅 갈래로 진입]

"그리고 이 모든 마케팅 노력으로 작년 매출이 크게 상승했습니다." [해당 질문으로 회귀]

즉, 해당 질문에서 출발하여 우회로를 거쳐 해당 질문으로 돌아오는 것입니다. 우회한 것을 듣는 이가 알아차리더라도 질문과 관련 있고 흥미로운 답변이라면 괜찮을 것입니다.

대답하고 싶지 않은 질문

좀 더 극단적으로, 준비한 내용과 관련 없는 질문을 받거나 대답하고 싶지 않은 질문을 받을 수 있습니다. 먼저 관련 없는 질문을 받았을 때, 이를 지적하는 것은 실례가 될 수 있으니 가능한 한 빨리 생산적인 영역으로 넘어가야 합니다. 질문에 대한 짧은 답변을 제공한 다음 "그런 문제가 있는가 하면 또…" 하며 넘어갈 수 있습니다.

콘퍼런스에서 할 말이 남았는데 '이다음에 어떤 세션에 참석할 것이냐'는 질문을 마지막으로 받는다면 이렇게 대처할 수 있습니다. "A홀의 팟캐스트 세션에 참석할 것 같습니다. 흥미로워 보이네요. 그리고 마무리하기 전에 한 가지 말씀드릴 것이 있는데…"

다음으로 대답하고 싶지 않은 질문을 받을 때가 있습니다. 저는 언론사와 인터뷰할 때 자주 겪는 일입니다. 기자들은 당연히 BBC의 상황이나 특정 이슈에 관한 제 의견을 듣길 원합니다. 하지만 그건 BBC 뉴스 진행자로서 제가 이야기할 내용이 아닙니다. 따라서 "저는 그 질문에 대답할 적임자가 아닌 것 같습니다."라고 한 뒤 제가 대답해도 괜찮은 영역으로 이동합니다.

이런 모든 상황은 '회피 구문'으로 대처할 수 있습니다. 회피 구문은 원하는 곳으로 이동하는 한마디입니다.

잘못 쓰면 무례하게 들릴 수 있지만 잘 쓰면 상대방을 존중하면서 합리적인 답변을 제공할 수 있습니다. 상대방은 화제를 약간 바꿔도 개의치 않을 것입니다. 실제로 엉뚱한 질문을 했다면 노선을 틀어줘서 고마워할 수도 있습니다.

덧붙이자면 저는 뉴스 진행자로서 수천 번도 넘게 부질없는 질문을 해왔으며, 회피 구문의 대가인 취재 기자들로부터 그런 질문에 대처하는 법을 배웠습니다.

회피 구문과 나쁜 질문

회피 구문은 앞서 살펴본 '결합 구문' 및 '연결 구문'과 비슷하게 화제를 전환하는 역할을 합니다. 차이점은 원치 않는 곳에서 원하는 곳으로 이동한다는 것입니다.

제 주변 동료들은 회피 구문을 능숙하게 구사해 그저 그런 질문에서 더 중요한 내용으로 넘어갑니다. 질문을 우회한 티가 나더라도 유창하고 합리적으로 말하므로 고개를 끄덕이게 됩니다.

몇 년 전 워싱턴 DC 특파원과 양방향 인터뷰 중이었습니다. 어떤 질문이었는지는 기억나지 않지만, 그가 어떤 식으로 대답했는지는 기억납니다.

"네, 어떤 면에서는 그렇습니다. 하지만 또 한 가지는…" 이렇게 그는 단 2초 만에 시시했을 게 뻔한 제 질문에서 벗어나 훨씬 더 흥미로운 영역으로 넘어갔습니다. 복잡한 내용을 설명할 시간이 많지 않기에 그는 자신과 시청자 모두를 위해 그 시간을 최대한 활용하고 있었습니다. 이 회피는 전혀 무례하지 않았고 오히려 회피한 줄도 모를 만큼 매끄러웠습니다.

취재 기자들이 나쁜 질문에 어떻게 대처하는지 눈여겨 보게 되면서 다양한 맥락에서 이러한 구문이 눈에 띄었습니다. 정치인, 경영자, 영업 사원 등 능변가들이 이러한 구문을 애용했습니다. 저는 그런 구문을 적어두고 직접 사용해보곤 합니다.

· 맞습니다. 그것도 중요하지만…

· 그것도 무시할 수 없지만 그와 관련한 또 다른 문제는…

· 그 점에는 동의하지만 또 한편으로는…

· 여기에는 수많은 요소가 있습니다. 그것이 한 요소라면 또…

· 잘 짚어 주셨습니다. 또 하나 강조하자면…

· 한 가지 더 언급하자면…

· 전적으로 동의합니다. 또한…

· 그렇습니다. 그런데 좀 더 크게 보면…

이러한 회피 구문은 설명을 원하는 곳으로 옮길 때 유용합니다. 또 원치 않는 질문에 대한 부담을 덜 수 있습니다. 필요할 때 활용해 안전한 곳으로 이동할 수 있습니다. 한 가지 확실한 것은 원치 않는 질문이 반드시 온다는 것입니다.

답을 모르는 질문에 답하기

지금까지 우리는 말하고자 하는 바와 잘 들어맞지 않는 질문에 답하는 방법을 살펴봤습니다. 그런데 단순히 몰라서 답할 수 없는 경우도 있습니다. 이 문제에 대처하는 몇 가지 방법이 있습니다.

인정하기

첫 번째는 모른다고 시인하는 것입니다. 어색하게 숨기느니 상황을 인정하는 게 낫습니다. 제가 늘 선호하는 선택지입니다. 다음과 같은 표현으로 타격을 다소 완화할 수 있습니다.

- 사실 그 부분은 제가 잘 모릅니다. 한번 알아보도록 하겠습니다.
- 저도 답을 알고 싶은 좋은 질문이네요. 돌아가서 살펴보겠습니다.
- 이 자리에서 말씀드리기는 어려운데요. 곧 자세한 내용을 이메일로 보내드리겠습니다.

- 저희도 정말 알고 싶은 내용인데 아쉽게도 아직 파악하지 못했습니다.

모르는 영역에서 아는 영역으로 전환하기

다음과 같은 문구를 활용하면 모르는 바를 솔직히 인정할 뿐 아니라 문제에서 빠르게 벗어날 수 있습니다.

- 현재로서는 확실히 말씀드릴 수 없습니다. 제가 말씀드릴 수 있는 것은…
- 아직 확인된 수치는 없습니다. 확인된 것은…
- 지금은 그 답을 모르겠습니다. 제가 아는 것은…
- 구체적인 정보는 없지만, 최근 이 문제와 관련해 몇 가지 업데이트가 있었는데요…

조금만 더 멀리

질문에 대한 정보가 별로 없는데 부실한 답변을 하고 싶지 않다면 가진 정보를 최대한 활용하세요. 먼저 답변 앞에 다음과 같이 덧붙여서 시간을 벌 수 있습니다.

"흥미로운 질문을 해주셨군요. 사실 비슷한 질문을 여러 번 받았고, 많은 분이 궁금해하시는 부분인 듯합니다. 이에 대해 말씀드리자면…"

이렇게 말하면서 머릿속으로 적절한 답변을 구성할 수 있습니다. 할 말이 두 가지뿐이라면 각각 최대한 비중을 두어 전달한 뒤 종지부를 찍습니다.

> "우선, 저희가 알기로 이에 대한 정책이 업데이트되어 많은 관심을 끌고 있습니다. **X를 변경하기로 했으며**, 어떤 영향을 미칠지 두고 봐야 할 것 같습니다.
> 다음으로 이번 변경은 국가가 아닌 **지역 차원에서 이루어졌다고** 합니다. 국가 당국이 어떤 반응을 보일지 유심히 지켜볼 예정입니다.
> 그 밖에는 아직 많은 의문이 해소되지 않은 상태입니다."

여기서 강조 표시된 두 가지 정보를 제외한 나머지는 답변이 너무 부실하지 않도록 뒷받침하는 보조 단어와 더 자세히 알고 싶다는 뉘앙스를 전하는 단어로 이뤄졌습니다.

물론 이상적인 방법은 아니지만. 지식의 한계를 인정하는 것이 껄끄럽거나 불이익을 부를 수 있는 상황이라면 가진 정보를 확대하는 것이 유리할 수 있습니다. 하지만 대부분의 상황에서 저는 훨씬 더 간단한 답변을 선호합니다.

> "이와 관련하여 확인된 업데이트는 두 가지뿐입니다. 정책은 변경될 예정이며, 이는 지역 차원에서 결정된 사항입니다. 그 밖에

는 저를 포함해 많은 사람이 여전히 답을 기다리고 있습니다."

TV나 라디오에 출연하는 신입 기자들에게 제가 늘 하는 조언이 있습니다. 어려운 질문을 받으면 최선을 다해 답변하고 끝내라는 것입니다. 몇 안 되는 정보로 장황하게 답변하는 것보다 핵심만 담아 짧게 답변하는 것이 더 낫습니다. 그리고 일단 끝내면 더 적합한 질문으로 넘어갈 수 있습니다.

어느 쪽이든, 아무것도 없는 것보다 뭐라도 있는 게 훨씬 더 든든합니다. 그리고 질문에 갇혀 있는 것보다 종지부를 찍거나 방향을 틀어 벗어나는 것이 낫습니다.

준비 과정에서 자신감 얻기

여러분은 이미 7단계를 통해 가장 중요한 준비와 연습을 마쳤습니다. 여러분이 기울인 노력이 크게 빛나길 바랍니다. 또한, 긴장되는 상황에서 설명할 때 몇 가지 고려할 점이 있습니다.

첫째, 상대방은 여러분이 잘하리라고 기대할 것입니다. 아무도 여러분이 실수하길 바라지 않으며 여러분의 말을 경청하기 위해 그 자리에 있는 것입니다. 그러니 여러분도 잘할 수 있으리라고 믿으세요!

둘째, 상대방에게 집중하세요. 결국 사람과 사람 사이의 상호작용입니다. 주변 환경에 익숙해지는 것도 중요하지만 그 순간에는 되도록 신경을 덜 써야 합니다.

방송 전에 게스트가 긴장한 기색을 보이면 저는 카메라와 조명들은 무시하고 그냥 평소처럼 이야기하자고 말합니다. 둘만의 대화라고 생각하면 훨씬 더 편안하게 받아들일 수 있습니다.

다우닝가에서 보도할 때도 같은 말을 스스로에게 합니다. 제 바로 옆에는 수많은 다른 기자, 프로듀서, 카메라 스태프, 사진 기사들이 있습니다. 제 뒤에서 정치인들이 경찰들의 호위를 받으며 유명한 검은 문을 드나듭니다. 중요한 정치적 순간이라면 전 국민이 지켜보고 있다는 느낌이 듭니다. 이런 상황에서는 침착함을 잃기 쉽죠. 이럴 때 저는 제 앞에 있는 카메라와 대화하듯이 말하는 방법을 고수합니다. 제가 수천 번 넘게 마주했던 카메라죠. 그리고 그 순간을 평범한 일상처럼 느끼려고 노력합니다.

언론 콘퍼런스에 연사로 참여할 때도 마찬가지였습니다. 연단에 오르는 게 긴장되었지만 사람들과 복도에서 대화한다고 생각하며 긴장을 풀었습니다. 역시 비일상을 일상처럼 느끼려는 노력이었습니다.

열심히 준비했다면 그저 나답게 말하면 됩니다. 긴박한 순간에 우리는 평소보다 더 나은 사람이 되어야 할 것 같다고 느끼는데, 이는 전혀 바람직하지 않습니다. 자신을 몰아붙여서 더 잘 설명하거나 소통하는 경우는 거의 없습니다. 충분히 준비했다면 어떤 상황이 닥쳐도 잘 대처할 수 있을 것입니다.

예상치 못한 상황 예상하기

수년 동안 저는 TV와 라디오 진행자를 대상으로 많은 교육을 해왔으며, 특히 예기치 못한 상황에 대처하는 방법을 중점적으로 다뤘습니다. 누구나 방송사고를 피하고 싶어 하지만, 생방송에서는 언제든 일이 잘못될 수 있습니다.

2010년 월드컵 기간에 요하네스버그의 한 옥상에서 인이어 없이 생방송 TV 전화 연결을 진행해야 할 때였습니다. 시작 직전에 인이어가 고장 나서 카메라맨의 손짓에 의존해 게스트가 언제 말을 시작하고 언제 끝났는지 파악해야 했죠. 저는 게스트가 하는 말은 한마디도 못 들은 채 번번이 "감사합니다. 이제…" 하며 다음 게스트로 넘어가야 했습니다. 갑작스러운 인이어의 오작동에 저는 크게 당황했고, 그런 감정적 반응은 상황에 대처하는 데 별로 도움이 되지 않았습니다.

경험이 쌓이면서 저는 일이 계획대로 진행되지 않는 경우가 많고, 현실을 받아들이면 훨씬 쉽게 대처할 수 있다는 사실을 깨달았습니다. '맙소사, 이를 어째' 하며 당황하는 대신 '아, 차질이 생겼네' 하며 차분하게 받아들이면 상황을 더 명철하게 판단하고 적극적으로 대처할 수 있습니다.

일이 잘 풀릴 때가 있듯이 일이 꼬일 때도 있는 법입니다. 경험, 자신감, 준비와 더불어 예상치 못한 상황을 예상하는 마음가짐이 중요합니다.

이는 여러분이 떠올릴 수 있는 많은 상황에서도 마찬가지입니다. 프레젠테이션 중에 슬라이드가 뜨지 않을 수도 있고, 회의 자리에 예상치 못한 참석자가 나타날 수도 있습니다. 또는 청중 가운데 누군가가 적대적인 태도를 보일 수도 있습니다. 이 상황 중 어느 것도 계획에 없었을 것입니다. 하지만 예상치 못한 일이 쉽게 일어날 수 있다는 사실을 받아들인다면 막상 그런 일이 닥쳤을 때 더 잘 대처할 수 있습니다.

7단계 확인해보기

· 이야기할 주제들을 떠올릴 때 걱정되는 부분이 있는가?
· 예상 질문들을 검토했는가?
· 그간의 준비 과정에서 자신감을 얻었는가?

통제할 수 없는 유동적 상황에서 순발력 있게 적용할 수 있는 말하기 공식을 다음과 같이 살펴보았습니다.

1단계: 구상하기

2단계: 정보 수집하기

3단계: 정보 추출하기

4단계: 정보 정리하기

5단계: 말로 해보기

6단계: 암기하기

7단계: 질문에 답하기

여기까지 왔다면 여러분은 어떤 상황에서도 훌륭하게 말할 준비가 된 것입니다. 긴장이나 의심에 휘둘리지 않고 자신 있게 말할 수 있으며, 자신의 의견과 주장을 침착하게 전할 수 있습니다.

5장

일상에서
전달력을 높이는
말하기 기술

지금까지 살펴본 7단계 공식은 가능한 모든 방법을 동원한 설명의 정석입니다. 우리는 이미 이를 적용할 수 있는 다양한 상황을 살펴봤습니다.

하지만 모든 말하기가 7단계를 거쳐야 하는 것은 아니며 그런 포괄적인 접근 방식이 꼭 필요하지 않은 경우도 많을 것입니다.

우리는 일상에서 말과 글로 다른 사람과 끊임없이 소통합니다. 이때 그동안 쌓아온 좋은 습관에 의존하게 되죠. 이 장에서는 짧고 간단하고 일상적인 소통의 순간에서 도움이 될 몇 가지 팁을 알아보겠습니다.

말로 간단히 설명하기

저는 동료와 업무를 조율하거나 은행에 문의 전화를 걸거나 이웃과 지역 현안을 논의하는 등 공적인 대화를 하기에 앞서 의도와 목적을 명확히 하려고 합니다. 생각보다 큰 노력이 들지 않으며 목적을 이룰 가능성을 높여줍니다. 미리 투자한 시간은 나중에 몇 배나 절약된 시간으로 보상받을 수 있습니다. 저는 다음 세 가지 질문에 빠르게 답합니다.

- 주제: 무엇에 관해 말하고 싶은가?
- 정보: 무슨 말을 하고 싶은가?
- 질문: 무엇을 물어보고 싶은가?

종이 한 장 혹은 핸드폰 메모장도 좋습니다. 작업은 1~5분밖에 안 걸립니다. 급한 회의나 용무가 잡혀도 이 세 가지 질문에 빠르게 답하고자 합니다. 대화 중에도 메모를 보고 놓친 부분이 없는지 확인합니다. 어떤 이유로든 메모를 지참하고 싶지 않다면 간단한 기억술(218쪽 참조)을 사용해서 하고 싶은 말을 빠르게 외울 수 있습니다.

이 세 가지는 너무 간단해서 굳이 준비할 필요가 없어 보일 수 있습니다. 하지만 간단한 대화나 논의에서 이 세 가지만으로도 추가 대화나 오해의 소지를 줄여 더 생산적이고 효율적인 대화가 됩니다.

글로 간단히 설명하기
- 이메일 및 메시지 -

우리는 정보의 홍수 속에서 매일 수백 건의 문자 기반 정보를 소비합니다. 이메일과 메시지의 양이 급증하면서 이를 둘러싼 사회적 규범이 바뀌었습니다. 가장 큰 변화는 수신하는 정보를 모두 읽거나 답장하는 것이 더는 당연하지 않다는 것입니다. 이제는 메시지나 이메일을 보내면 반드시 상대방이 읽고 답장하리라 기대하기 어렵습니다.

이는 정보 과잉의 불가피한 결과입니다. 사람들의 주의력은 이제 희소한 자원이며 효용성이 무엇보다 중요합니다. 물론 제 말이 좀 과하다고 생각하실 수도 있습니다. 이메일과 문자 메시지에 정말 이렇게까지 신경 써야 할까요? 정말 그렇게 중요할까요? 네, 그렇습니다. 그 이유는 두 가지입니다.

첫째, 우리가 원하든 원치 않든 커뮤니케이션의 상당 부분은 이메일과 문자 메시지를 통해 이루어집니다. 짧은 글은 일상에서 가장 중요한 정보 전달 수단입니다. 기관, 병원, 회사, 학교,

스포츠 동호회, 항공사 등 우리 생활의 많은 부분이 이러한 소통 방식에 의존하고 있습니다.

둘째, 제대로 작성하지 않으면 시간과 노력을 낭비할 가능성이 매우 큽니다. 효과적인 초기 소통은 불필요한 추가 소통을 현저히 줄일 수 있습니다. 명확한 의사소통을 위해서는 처음부터 공들여 글을 써야 하죠.

가령 어느 학교에서 수학여행을 계획 중이라고 합시다. 이메일에 관련 정보가 체계적으로 정리되어 있다면 학부모들은 안심하고 준비할 것입니다. 그러나 이메일에 관련 정보가 부족하거나 찾기 어려우면 학부모의 문의가 빗발칠 것입니다. 수백 건의 불필요한 소통이 업무에 지장을 주고 학교의 이미지에 누가 될 수 있습니다. 학교가 아닌 기업이라면 시간 낭비뿐 아니라 평판 손상으로 사업적 손실을 볼 수 있습니다.

따라서 모든 이메일과 메시지는 정보를 효과적으로 전달하고 귀한 자원의 낭비를 막을 기회입니다. 참고로 여기서 제가 드리는 모든 조언은 친구나 가족을 떠나 공적인 관계와 소통하는 방식에 초점을 맞추고 있습니다. 또한 이메일과 메시지뿐만이 아니라 웹사이트, 팸플릿, 뉴스레터, 포스터 등 다양한 서면 커뮤니케이션에 적용할 수 있습니다.

미국의 케네디 공공정책대학원 교수이자 행동과학자인 토드 로저스는 효과적인 커뮤니케이션 전문가이기도 합니다. 최근 제시카 래스키-핑크 교수와 공저한 『이토록 간결한 글쓰기』

에서 그는 우리가 짧은 글을 어떻게 소비하는지 심도 있게 파고 들었습니다. 무엇보다 로저스 교수는 '행동 정책'이라는 영역에서 활동하며 정부가 대중과 소통하는 방식을 개선하고자 노력해왔습니다. 행동 정책은 부모에게 자녀의 취학 절차를 안내하거나 유권자에게 투표 참여를 유도하는 등 정부 또는 국가 기관에서 사용하는 커뮤니케이션 전략을 말합니다. 로저스 교수는 이러한 전략의 효과를 끌어올려 투표율 증가, 학교 출석률 향상, 법정 절차 효율화, 다방면의 이해 증진 등 더 나은 결과를 이뤄내고자 합니다.

다시 말해 '국가는 어떻게 국민의 이익을 위해 더 잘 설명할 것인가?'라는 원대한 질문에 답하기 위해 로저스 교수는 행동과학 데이터를 활용한 다양한 실험을 통해 어떤 유형의 커뮤니케이션이 사람들의 이해도와 참여도를 높이는지 연구해왔습니다.

로저스 교수와 처음 대화를 나누었을 때 동지를 만난 듯했습니다. 저는 뉴스와 실무 영역에서 시행착오를 통해 터득하고, 로저스 교수는 체계적인 연구를 통해 터득했지만, 우리 둘 다 설명과 소통의 잠재력을 극대화하는 법을 추구하기 때문입니다.

간단한 서면 설명에 대한 제 접근 방식은 다섯 가지 가정을 바탕으로 하며, 로저스 교수의 연구와 조언에서 얻은 통찰을 곁들여 소개하겠습니다.

이메일을 작성할 때의 가정

저는 이메일을 쓸 때 다섯 가지의 가정을 염두에 둡니다. 이 가정들은 이메일뿐만 아니라 책, 연설 프로그램을 비롯해 우리가 만드는 콘텐츠의 기본 원칙이 됩니다.

가정 1 **수신자가 전혀 읽지 않을 수 있다**

평소 수신함을 부지런히 확인하는 사람도 무수한 정보에 노출되어 메시지나 이메일을 그냥 지나칠 수 있습니다. 따라서 메시지와 이메일은 수신자가 열어서 읽을 가치가 있다고 느끼도록 작성되어야 합니다.

이를 위해 저는 두 가지 전략을 사용합니다. 첫째, 이메일이 수신자를 위한 것이거나 수신자와 직접 관련이 있음을 제목에 명시합니다. 둘째, 수신함은 첫 한두 줄이 표시된다는 점을 고려하여 첫 문장에 핵심 내용을 담습니다.

- 안녕하세요, 조. 4가지 문의 사항이 있습니다.
- 안녕하세요, 조. 다음 주 출장 관련 정보 전달 드립니다.
- 안녕하세요, 조. 다음 주 회의 관련 세부 사항 전달 드리며, 한 가지 질문에 답변 부탁드립니다.

메시지의 목적이 바로 이해되지 않으면 수신자는 다른 정보로 주의를 돌릴 것입니다. 처음부터 목적을 명확히 해야 수신자의 주의를 붙들 수 있습니다.

한가지 주의할 점은 이러한 단도직입적 방식이 모든 서면 소통에 적합하지 않을 수 있다는 것입니다. 잘 모르는 상대에게는 먼저 자신을 소개하고 글의 목적을 설명하는 편이 낫습니다. '갑자기 연락드려서 죄송합니다' '아까 잠깐 뵙게 되어 반가웠습니다' '제가 몇 가지 질문을 드려도 될까요?'와 같은 한마디로 요점을 말하기 전에 적절한 예의를 갖춰야 합니다.

가정 2 수신자가 끝까지 읽지 않을 수 있다

저도 열어보는 모든 이메일을 끝까지 읽지는 않습니다. 가끔은 읽기도 벅차서 그냥 지나칠 때도 있습니다. 그래서 이메일을 쓸 때는 수신자가 핵심을 파악하길 바라며 몇 가지를 시도합니다. 예를 들면 글자 수를 줄이는 것입니다.

로저스 교수는 여러 실험을 통해 글자 수가 적을수록 응답률이 높다는 사실을 입증했습니다. 한 연구에서는 단어 수를 3분의 2로 줄였더니 응답률이 80퍼센트나 증가했습니다.

이메일이 짧을수록 수신자가 읽고 응답할 가능성이 커집니다. 내용을 압축하는 것이 늘 쉽지는 않지만 응답률을 올리기 위해 노력할 만한 가치가 있습니다.

가정 3 **수신자는 대충 훑어볼 것이다**

대부분의 사람들이 메시지를 대충 훑어봅니다. 직접적으로 원하는 것은 특정 정보뿐이지요. 따라서 이메일을 쉽게 훑어볼 수 있도록 구성하면 좋습니다. 방법은 다음과 같습니다.

① 짧은 단락 사용하기

이메일 커뮤니케이션의 목적은 정보 교환이기에 우리는 되도록 빠르고 간단하게 정보를 얻기를 원합니다. 각 정보 주위에 여백을 두면 수신자가 정보를 더 쉽게 소화할 수 있습니다.

로저스 교수는 자신의 강연 참석자들에게 문자 메시지를 돌린 적 있는데, 참석에 대한 감사 인사와 설문 조사 요청을 한 통의 메시지에 담아 보냈을 때보다 별도의 메시지로 나눠서 보냈을 때가 설문 조사 응답률이 15퍼센트 더 높았다고 합니다.

이처럼 중요한 정보에 전용 공간을 할당하면 긍정적인 결과를 얻을 수 있습니다. 메시지를 꼭 한 통만 보내야 하더라도 '참석해 주셔서 감사합니다'와 같은 의례적인 인사말은 뒤에 배치할수록 좋습니다.

② 서식 사용하기

굵은 글씨체로 요점을 적어 각 단락에 포함된 내용을 알립니다. 다음은 그 예입니다.

예시

안녕하세요, 조. 3가지 사항을 전달합니다.

1. 다음 주 회의 정보

화요일 오후 4시 30분에 3번 회의실에서 열립니다. 월요일에 안건을 보내드릴 테니 따로 준비하실 필요 없습니다.

2. 지난주 제품 출시 데이터

내일 받아서 처리 후에 모레까지 전달 드리겠습니다. 현재로서 미결 데이터는 없습니다.

3. 조언 부탁드립니다

미나에게 삭감 연기에 관해 물어보고 싶습니다. 다음 주 회의에서 물어볼까요, 그 전에 물어볼까요?

서식은 신중하게, 절제해서 사용해야 합니다. 이메일에 굵은 글씨체와 다양한 색상이 난무하면 역효과를 부를 수 있습니다. 특정 정보를 지나치게 강조하면 독자는 나머지 정보가 중요하지 않다고 여길 수 있습니다.

③ 항상 완전한 문장으로 작성할 필요는 없다

문장에 포함된 단어 대부분은 수신자에게 필요 없는 정보일 수 있습니다. 말과 달리 글로 소통할 때는 글머리표를 사용할 수 있습니다. 오히려 정보를 효율적으로 전달할 기회입니다.

다음 주 경기

- 출발 시각: 오후 3시
- 출발 장소: ○○빌딩 버스 정류장
- 경기 시작: 오후 4시
- 경기 종료: 약 오후 5시 30분
- 경기 장소: 시민 종합 운동장
- 참가비: 만 원(현금 지참 요망)
- 장비: 필요시 마련되어 있음

또는 '자주 묻는 질문(FAQ)' 페이지처럼 작성할 수도 있습니다.

변경 사항은 언제부터 적용되나요?
아직 미정입니다. 9월 예정이지만 정확한 날짜는 다음 주에 공지하겠습니다.

비용은 얼마인가요?
예산은 1억입니다.

참여를 원한다면 누구에게 문의해야 하나요?

미나에게 문의하세요.

공개적으로 발표할 예정인가요?

네. 보도 자료는 월요일에 배포될 예정입니다.

이렇게 간결하게 항목화하면 정보를 효율적으로 전달할 수 있습니다.

가정 4　수신자는 효용성을 우선할 것이다

다시 말하지만, 이메일 커뮤니케이션의 목적은 정보 교환입니다. 우리는 정보를 얻기 위해서도 이메일을 씁니다. 그리고 해당 정보를 줄 사람은 매우 바쁠 수 있으니 필요한 정보를 명확하게 요구해야 합니다. 로저스 교수는 '필요한 모든 정보를 한 곳에 제시'하라고 조언합니다.

예시

안녕하세요, 미나. 3가지 간단한 질문이 있습니다. 다음 단계로 진행하기 전에 답변 부탁드립니다.

1. 지난 분기 수익은 예상대로였습니다. 예산을 책정하기 전에 한 번 더 보시겠어요?

2. 목요일 오후 2시 렌과의 회의에 참석하시겠어요? 예산만 논의하는 자리입니다.

3. 공개적으로 논의해도 되나요? 언론, 마케팅, 영업 팀으로부터 엇갈린 메시지를 받고 있습니다.

이렇게 이메일을 보내면 수신자가 짧게나마 명확하게 답변할 것입니다. 상대방의 시간 낭비를 최소화하며 업무를 순조롭게 진행할 수 있습니다. 요점과 질문을 항상 명확하게 정리하세요.

가정 5 **수신자가 자신을 위한 정보가 아니라고 느껴 무시할 수 있다.**

'당신에게 도움이 되는 정보'라는 느낌을 줄수록 수신자가 반응할 가능성이 커집니다.

해설 영상을 배포할 때 저는 웬만하면 그룹 메일을 사용하지 않습니다. 다양한 BBC 매체에서 우리의 해설 영상을 게재할 수 있지만 의무는 아니기에 새 영상이 나올 때마다 제가 직접 홍보합니다. 저는 각 매체에 따로 이메일을 보내 해당 매체의 필요에 따라 맞춤형 제안을 하곤 합니다. 그리하여 우리 콘텐츠가 그들에게 도움이 되도록 하겠다는 의지를 보여줄 수 있습니다. 물론 이메일을 한 번 보내는 것보다 열 번 보내는 게 더 오래 걸리지만 호응도가 훨씬 높기에 시간을 투자할 가치가 있습니다.

　　그런가 하면 다양한 사람이 모이는 행사와 관련해 그룹 메일을 보낼 때도 개인화 기법을 적용할 수 있습니다.

예시

　　안녕하세요, 여러분. 이번 세미나의 세부 사항은 다음과 같습니다. 각자의 역할에 맞는 지침을 확인해주세요.

위치 – 강당
시간: 오후 1~2시
청중 입장: 오후 12시 30분
청중 규모: 150명
청중 구성: 학부생 및 동료

강연자라면
도착 시각: 12시 정오
발표 자료: 전날 12시 정오까지 제출 요망
연락책: 사이먼(참조된 이메일)

기술 팀이라면
도착 시각: 오전 11시
통행증: 반드시 지참 요망, 미지참 시 입장 제한
연락책: 제인(참조된 이메일)

정보를 가다듬어 제시할수록, 예상 질문에 답할수록, 실용적인 정보를 제공할수록 수신자가 읽고 이해할 가능성이 커지며 불필요한 시간 낭비와 자원 소모를 막을 수 있습니다.

아무도 나만큼 내 이메일에 신경 쓰지 않는다

로저스 교수의 연구는 제가 20년 동안 고찰해온 많은 부분과 맞닿아 있었습니다. 특히 이메일과 같은 간단한 글 소통의 맥락에서 그가 남긴 두 가지 표현이 크게 공감됩니다.

첫 번째는 '아무도 나만큼 내 이메일에 신경 쓰지 않는다'입니다. 정곡을 찌르는 말이며, 실제로 모든 설명에 적용될 수 있는 말입니다. 또 로저스 교수는 장문의 이메일을 '불쾌한 세금'이라고 표현하며 신선한 깨달음을 주었습니다. 이전에는 장황한 이메일이 쓰는 사람에게만 손해라고 생각했지, 읽는 사람에게도 시간과 에너지를 요구한다는 생각은 못 했기 때문입니다.

명료한 이메일은 쓰는 사람과 읽는 사람 모두에게 유익합니다. 이메일 커뮤니케이션의 주목적은 정보 교환이지만, 초기에 얼마나 제대로 이뤄지느냐에 따라 수많은 가능성이 열리고 닫힙니다.

이렇게 일상에서 말과 글로 설명할 때 알아 두면 좋은 몇 가지 팁을 알아보았습니다. 정리를 해보면 다음과 같습니다.

말로 간단히 설명할 때 고려해야 할 점

1. 주제
2. 정보
3. 질문

글로 간단히 설명할 때 고려해야 할 점

1. 첫 문장으로 메시지 전달하기
2. 더 짧아질 수 있나요?
3. 최대한 간결한 형식인가요?
4. 수신자가 쉽게 답변할 수 있나요?
5. 예상 질문에 답했나요?

이제 대화, 이메일, 메시지 등으로 상대방에게 정보와 의견을 전달할 때 위의 사항들을 고려한다면 더욱 효율적이고도 유익한 소통이 가능합니다.

에필로그

세상과 선명하게 연결되는 법

"BBC 로스 앳킨스는 설명 기술에 숙달된 사람이다."

기쁘게도 제프 자비스 교수(뉴욕 크레이그 뉴마크 저널리즘 대학원)가 트위터에 저에 대해 써준 말입니다. 칭찬을 들어서 뿌듯한 것과 별개로 저는 '숙달practiced'이라는 말이 크게 와닿았습니다. 설명을 잘 하려면 다각적인 노력이 필요하기 때문입니다.

상황과 정보에 대한 장악력이 여러분이 하려는 말의 전달력을 좌우합니다. 저는 설명을 잘 하기 위해 이 책에 실린 절차와 기법을 매일 실행합니다. 이제는 속도와 자신감이 붙고 일부는 습관처럼 굳어졌지만, 직감에만 의존하지 않고 여전히 단계별 작업과 점검표를 따릅니다. 그래야 종합적으로 좋은 말하기가 가능하기 때문입니다. 설명의 기술은 노력과 실천 없이 빛나지 않습니다.

하지만 어떻게 실천할 것이냐는 여러분에게 달려 있습니다. 요리책을 사고서 일주일 안에 모든 레시피를 따라 하지는 않듯이, 이 책도 다양한 출발점을 제시하는 책이 되길 바랍니다.

이메일을 쓰는 방식, 동료와 회의하는 방식, 고객과 대화하는 방식 등 일상에서 소통하는 방식 중 하나를 골라 개선할 수 있는지 살펴보세요. 또는 발표, 면접, 논문 등 중요한 설명을 앞두고 있다면 7단계 전체를 시도해볼 수 있습니다. 세상의 많은 일이 그렇듯이 해볼수록 익숙해지고, 더 잘할 것입니다.

우리는 제대로 설명할 때 짜릿한 쾌감을 느낍니다. 예측할 수 없는 환경에서 복잡한 정보를 처리했다는 성취감 혹은 요점을 파악해서 하고 싶은 말을 분명히 표현했다는 기쁨일 수 있습니다. 전달 방식이 목적을 크게 훼손할 수 있다는 걸 깨닫게 될 때도 마찬가지입니다.

사람들과의 정보 교류와 상호작용은 우리 삶에 큰 영향을 미칩니다. 따라서 말하기의 기술은 굉장히 중요합니다. 좋은 설명은 시간을 절약하고 혼란을 방지합니다. 불확실하고 위축되는 상황에서 자신 있고 명확하게 설명하면 성공과 변화를 불러올 수 있습니다. 행여 일이 계획대로 풀리지 않더라도 최선을 다했다고 말할 수 있습니다. 다시 한번 강조하자면, 좋은 설명은 기회를 극대화합니다.

이 책을 쓰면서 저는 선배이자 동료인 앨런 리틀에게 왜 우리가 설명의 기술에 그토록 공을 들이는지 물었습니다. 앨런은 이렇게 말했습니다.

"더러운 창문을 닦으면 세상이 훨씬 더 잘 보이니까."

그의 말은 이 책의 골자이자 설명이 중요한 이유입니다. 창문을 닦듯이 말과 글을 갈고닦으면 우리와 세상이 더 선명하게 연결됩니다. 일단 시작하면 그 차이를 무시할 수 없습니다.

지은이 **로스 앳킨스** Ros Atkins

로스 앳킨스는 국제 사회의 굵직한 사건을 취재 및 보도해온 BBC 소속 언론인이다. BBC 뉴스 채널과 BBC World News에서 실시간 다중 온라인 브라우징을 활용한 생방송 뉴스 프로그램 〈Outside Source〉를 비롯해 다수의 프로젝트를 제작하고 진행했다. 세계 각국의 빅 이슈를 전하는 그는 전 세계인에게 복잡한 이야기를 명확하고 소화하기 쉬운 방식으로 설명하는 능력으로 유명해진 인물이다. 특히 주요 이슈를 간결하고 날카롭게 보도하는 뉴스 클립쇼 〈Ros Atkins on⋯〉은 BBC의 여러 플랫폼을 통해 수백 만회의 시청 수를 기록했고, 그의 설명 자체가 하나의 현상이 되어 비즈니스, 정치, 언론계에서 두루 화제를 모았다. 디지털 플랫폼, TV, 라디오를 넘나들며 복잡한 정보를 명확하고 간결하게 스토리텔링하는 능력으로 BBC의 수석 설명자explainer-in-chief라는 수식어를 얻기도 한 그는 BBC 저널리즘의 다양한 표현을 지원하기 위해 2017년부터 시작한 50:50 프로젝트의 창립자이며, 저널리즘과 미디어, 혁신, 창의성에 대해 연설하는 글로벌 저널리스트다.

옮긴이 **이민희**

충실하게 듣고 능숙하게 전달하는 사람이 되고 싶다. 늘 가장 좋은 해석을 꿈꾼다. 『드라이』, 『프런트 데스크』, 『라스트 베어』, 『오거와 고아들』, 『하늘은 어디에나 있어』, 『무기가 되는 시스템』 등을 우리말로 옮겼다.

사람들이
내 말에 집중하기
시작했다

펴낸날 초판 1쇄 발행 2024년 12월 30일

지은이 로스 앳킨스

옮긴이 이민희

펴낸이 이주애, 홍영완

편집장 최혜리

편집1팀 김하영, 김혜원, 최서영

편집 박효주, 강민우, 한수정, 홍은비, 안형욱, 송현근, 이소연, 이은일

디자인 윤소정, 김주연, 기조숙, 박정원, 박소현

홍보마케팅 김준영, 김태윤, 백지혜, 김민준

콘텐츠 양혜영, 이태은, 조유진

해외기획 정미현, 정수림

경영지원 박소현

펴낸곳 (주)윌북 출판등록 제2006-000017호

주소 10881 경기도 파주시 광인사길 217

홈페이지 willbookspub.com 전화 031-955-3777 팩스 031-955-3778

블로그 blog.naver.com/willbooks 포스트 post.naver.com/willbooks

트위터 @onwillbooks 인스타그램 @willbooks_pub

ISBN 979-11-5581-774-2 (03190)